Waarom hebben varkens krulstaartjes?

en andere (on)wetenswaardigheden

David Feldman

Waarom hebben varkens krulstaartjes?

en andere (on)wetenswaardigheden

Voila

Deze uitgave kwam tot stand in samenwerking met
Uitgeverij BZZTôH, 's Gravenhage

Oorspronkelijke titel: *Do penguins have knees? An Imponderables Book*

Vertaling: Wim Sanders
Omslagontwerp: Ronald Timmermans
Druk: Bercker, Kevelaer
Uitgave door Hermans Muntinga Publishing in november 2000

ISBN 90 5795 087 1
NUGI 352, 500

Inhoud

Voorwoord

Wij Amerikanen hadden de Nederlanders altijd hoog geacht. Jullie leken ons een verstandig, vriendelijk en een lichamelijk en geestelijk gezond volkje. Maar tegenwoordig weten we beter. De goede ontvangst van de (on)wetenswaardigheden-boeken bewijst volgens ons dat jullie net zo gek zijn als wij. Jullie ook dus!
Je doet alsof je gelukkig bent zonder het antwoord te weten op de vraag waarom je niet voelt dat je door een mug wordt gestoken. Of zonder te weten waarom de plastic zak van een zuurstofmasker in het vliegtuig niet kan uitzetten.
Maar geef het toe, je bent niet echt gelukkig. In het dagelijkse leven worden we met duizenden mysteries geconfronteerd die we niet kunnen verklaren. Daarom verdringen we onze nieuwsgierigheid (kun je je een rustig leven voorstellen als je wordt achtervolgd door de obsederende vraag waarom mensen oorlelletjes hebben?).
Wie bekend is met de ideeën van Freud weet dat verdringing slecht voor onze gezondheid is.
Onze taak in het leven is het met wortel en tak uitroeien van (on)wetenswaardigheden, die intrigerende raadseltjes in ons leven die niet eenvoudig te beantwoorden zijn en je daardoor danig dwars kunnen zitten. Gelukkig hebben we de best denkbare medewerkers: onze lezers.
De meeste (on)wetenswaardigheden in dit boek zijn afkomstig van lezers van eerdere delen uit de serie. In het hoofdstuk 'Frustrerende kwesties' bijten ze zich vast in (on)wetenswaardigheden die wij niet konden oplossen. En in de afdeling 'Frustrerende kwesties die van geen ophouden weten' geven lezers aan waarom eerdere pogingen zo'n kwestie te ontrafelen tekort schoten.
Hoe word je mede-schrijver? Als je de eerste bent die een (on)wetenswaardigheid opstuurt die we voor het volgende boek gebruiken, of als je de eerste bent die

een frustrerende kwestie oplost, krijg je gratis een gesigneerd exemplaar van de Amerikaanse uitgave toegestuurd, terwijl je naam breeduit in het boek wordt vermeld.
Aarzel niet en schrijf naar: Imponderables, Box 24815, Los Angeles, California, USA.
We kunnen je niet een geestelijk welbevinden of het eeuwige geluk garanderen door *Waarom hebben varkens krulstaartjes?* te lezen, maar je weet voortaan wèl waar de vetrolletjes van een vrouw blijven als ze een korset draagt.

David Feldman

WAAROM voel en zie je een muggebeet pas als hij begint te jeuken?

We maken onszelf graag wijs dat we het steken van een mug niet voelen omdat de natuur medelijden met ons heeft. Als we op het moment zelf beseften dat er een mug bezig is zijn angel in ons vel te steken, zouden we misschien in paniek raken, vooral omdat een eenvoudige muggebeet veel meer tijd kost dan de meesten van ons denken.

Een vrouwtjesmug gelooft niet in het fantasieloze d'r op en d'r af. Integendeel, muggen blijven gewoonlijk minstens een minuut met alle zes poten op de menselijke huid zitten voordat ze beginnen te steken. Muggen zijn zo licht en steken zo vaardig dat de meeste mensen ze niet voelen, zelfs niet als een mug meer dan vijf minuten op hun huid blijft zitten.

Als een mug eindelijk besluit tot actie over te gaan en haar steekwapen in een mooi, sappig haarvat zet, duurt het inbrengen ongeveer een minuut. Ze smeert haar monddelen met haar eigen speeksel en zuigt vervolgens gedurende ongeveer drie minuten bloed tot haar maag bijna letterlijk uit elkaar barst. Binnen een paar seconden trekt ze haar angel terug en vliegt weg om haar eitjes ergens achter te laten. De mug zal niet gauw op de lijst van bedreigde diersoorten komen te staan.

Een gevoelige enkeling heeft meteen last van de muggebeet. Maar de meeste mensen voelen de jeuk (en soms de pijn) pas nadat de mug al lang is weggevlogen. De jeuk komt niet door de beet of het bloedverlies, maar door het speeksel dat achter is gebleven. Het muggespeeksel dient niet alleen als smeermiddel bij het steken, maar ook als verdovingsmiddel voor het slachtoffer. Dit speeksel is een zegen, want daardoor hebben we niet in de gaten dat ons bloed door een weerzinwekkend insekt wordt opgezogen. Maar helaas bevat het anti-stollingsbestanddelen die bij veel mensen allergische reacties teweegbrengen. Niet de beet maar de allergische reactie veroorzaakt de bulten en het gejeuk, wat aan ons de vraag ontlokt waarom er in deze toch zo prachtige wereld muggen bestaan.

WAAROM smaakt melk uit de koelkast nooit zo koud als water of limonade uit de koelkast?
Maar melk wordt wèl net zou koud als water en limonade. Als er weer eens niets op de tv is, moet je het maar eens met een thermometer nameten.
Melk van dezelfde temperatuur als water of limonade smaakt niet zo koud omdat melk vaste vetdeeltjes bevat. Onze mond ervaart deze vaste deeltjes als minder koud dan vloeistof.
Misschien vind je de melk/water/limonade-proef niet spannend genoeg. Speel dan volgens hetzelfde principe zelf voor jonge onderzoeker. Maak in het vriesvak van je koelkast een sorbet van vanille-ijs en magere yoghurt. Eet hem op. Wedden dat de yoghurt kouder zal smaken dan het vette vanille-ijs? Om tot een verantwoord objectief onderzoek te komen, hebben we dit experiment onlangs tegen onze gewoonte in pijnlijk nauwgezet uitgevoerd. We deden de proef met maar liefst tientallen yoghurt- en ijssmaken. Wat we niet allemaal voor onze lezers over hebben!

WAAROM zit er een deuk in een cowboyhoed?
Uiteraard hebben niet *alle* cowboyhoeden een deuk. Kijk maar naar Hoss uit *Bonanza*. Maar het overgrote deel wel en de enige verklaring die we konden vinden was dat de mode het nu eenmaal voorschreef. Eén historicus hing de theorie aan dat de deuk bij de eerste cowboyhoeden in het gebruik was ontstaan en later opzettelijk werd aangebracht. Een hoedenmaker die misschien maar beter anoniem kan blijven, verklaarde: 'Laten we eerlijk wezen. Zonder die deuk zie je er toch wel bezopen uit.'
We vragen ons af of hij dat ook tegen Hoss had durven zeggen.

HOE is 7-Up aan zijn naam gekomen en WAAROM?
7-Up (ook bekend als Seven-Up) was het geesteskind van C.L. Grigg. In 1920 begon hij in St.Louis, Missouri met de Howdy Company en had meteen succes met zijn eerste frisdrank: Howdy Orange.

Waarom zit er een deuk in een cowboyhoed?

Vastbesloten zijn imperium uit te breiden, testte Grigg diverse jaren elf verschillende recepten voor frisdranken met citroensmaak. In 1929 kwam hij met Seven-Up op de markt, toen nog een karamelkleurig drankje.
Maar waar komen die '7' en die 'Up' vandaan? Hoewel het een citroenachtige drank lijkt, is 7-Up in werkelijkheid een melange van zeven verschillende natuurlijke smaakstoffen. In de eerste advertenties voor de nieuwe frisdrank werd het produkt omschreven als oppeppend en had het een vignet met een gevleugelde 7. Lang voordat cafeïne een verdacht ingrediënt werd, adverteerde men met 7-Up als een tonicum voor lichamelijke en geestelijke inzinkingen:
'Seven-Up geeft je energie... *pept je op*... verjaagt muizenissen en spierpijn.
Seven-Up is zo zuiver als bergkristal...
Smeert de keel [klopt, maar dat doet hoestsiroop ook]... is een sensatie voor de smaakpapillen... verfrist het bloed... geeft spieren nieuwe energie... kalmeert de zenuwen... maakt je een ander mens... blij... gelukkig.'
De advertenties voor 7-Up zijn sindsdien aanzienlijk beter en anders geworden, maar de naam is duurzaam gebleken, zelfs voor gebruikers die geen flauw idee hebben waar 'Seven-Up' voor staat. Grigg had een veel slechtere naam kunnen bedenken. Zie je het voor je? Een dure nachtclub, stemmige jazz-muziek, intieme verlichting, een prachtige vrouw en een man in smoking die bij de barkeeper een bourbon whisky en een... *Howdy Bitter-Lemon* bestelt!

WAAROM maakt het achterwiel van een fiets een zacht ratelgeluid als je terugtrapt of freewheelt?
Als kind al luisterden we gefascineerd naar het ruisen van het achterwiel als we een stille heuvel afreden. Waar komt dat mooie geluid vandaan?
Bij de tandwielen achter zit een palrad dat blokkeert als je naar voren trapt. Op die manier 'trek' je het wiel rond. Door het palrad kan het achterwiel los van de tandwielen draaien. Als je stopt met trappen, draait het

wiel sneller dan het palrad en het zachte geratel dat je dan hoort is het geluid van palletjes die over de tandjes van de naaf vallen.
De tandjes zijn zo ontworpen dat het palletje erin vastgrijpt als je vooruit trapt. Maar als je terugtrapt of freewheelt glijdt het palletje over de tandjes en valt terug.

WAAROM heeft een mannetjesvogel vaak meer kleuren dan een vrouwtje? Heeft dat iets met de evolutie te maken?
'Seksueel dimorfisme' is de wetenschappelijke term waarmee het verschillende uiterlijk van mannetjes en vrouwtjes van eenzelfde diersoort wordt beschreven. Charles Darwin worstelde in zijn theorie van de natuurlijke selectie met dit fenomeen. Hij stelde dat sommige lichamelijke eigenschappen van de vogels zich uitsluitend ontwikkelen om de andere sekse aan te trekken. Hoe kan anders de staart van de pauw worden verklaard? Bewijs voor deze stelling: kijk maar naar de enorme aantallen vogels die er rondvliegen!
Ja, wacht eens, er zijn tegenwoordig ook uitermate veel pissebedden en die hebben zich uitstekend kunnen voortplanten zonder de hulp van veelkleurige mannetjes. Veel ornithologen menen dat het eerste doel van het seksueel dimorfisme het uitzenden van een visueel signaal naar de vijand is. Als het vrouwtje nestelt, kan ze zich moeilijk tegen aanvallers verdedigen. Het is in haar belang er onopvallend uit te zien, want dan trekt ze minder de aandacht van haar vijanden als ze op haar nest zit.
Omgekeerd is de bonte vederdracht van de mannetjesvogel een illustratie van het principe dat de aanval de beste verdediging is. De mannetjesvogel nestelt niet en is in het algemeen groter dan het wijfje. Daarom is hij beter in staat zich een aanvaller van het lijf te houden. Zijn bonte kleuren zouden een waarschuwing aan zijn aanvallers zijn: ik laat me niet zomaar te grazen nemen. De meeste ornithologen menen dat vogels voldoende intelligentie hebben om de dimorfische patronen van andere vogels te onderscheiden.

En de meeste vogels zijn net zo lui als mensen. Ze nemen zo mogelijk de makkelijkste weg. Als een roofvogel geen onopvallend gekleurd wijfje kan vinden en bang is voor het veelkleurige mannetje, gaat hij waarschijnlijk op zoek naar een andere vogelsoort.

WAAROM bevindt een dug-out bij honkbal zich half onder de grond?

Als een dug-out hoger was gebouwd, zouden de toeschouwers op de rijen erachter nauwelijks iets zien. Gevolg: deze mooie plaatsen moeten worden gesloopt of de club moet de kaartjes tegen een gereduceerd tarief verkopen.

Als de dug-outs nog lager zouden zijn, zouden de spelers het spel uitsluitend met een periscoop kunnen volgen en hun benen niet tussen de innings door kunnen uitstrekken.

HOE hielden ze in de saloons in het Wilde Westen het bier koud?

Op alle mogelijke denkbare manieren die ze konden bedenken. In de negentiende eeuw dronken de geoefende innemers hun bier niet zo koud als tegenwoordig (de Engelsen dronken hun bier zelfs warm en doen dat nog steeds, net als de Chinezen), maar zelfs afgestompte cowboys gaven de voorkeur aan een koud pilsje.

In de koudere gebieden van het Wilde Westen haalden de saloons het ijs 's winters uit de bevroren meren. De ijsblokken werden in een kelder opgeslagen waar men ze met zaagsel isoleerde. Op deze manier kon het ijs maandenlang worden bewaard.

In gebieden waar het niet koud genoeg werd voor ijsvorming, maakten veel saloons gebruik van de koude bergstroompjes die er vaak wel waren. De vaten bier werden in een bak met dit bergwater gedaan en konden zo koel worden bewaard.

En als er zelfs geen koud bergwater was? Tot aan ongeveer 1880 groef men bij de saloon - meestal in een heuvel - een kelder. Het bier werd daarin op zo'n tien graden onder nul bewaard.

En als je thuis een koud biertje wilde drinken? Het bier werd in bakken of kleine emmers verkocht en vaak brachten kinderen het bier uit de saloons aan huis. Voor de consumenten halverwege de negentiende eeuw was 'afhaalbier' net zo gewoon als bij ons de afhaalchinees.
We hoeven de cowboys uit het Wilde Westen niet te beklagen vanwege het ontbreken van een koelkast. Volgens bierexperts waren het zelfs de hoogtijdagen van het Amerikaanse bier. Het bier in het Wilde Westen was naar onze maatstaven niet koud, maar was zeker wel een koele verfrissing. Dat kwam door de verdamping. In die dagen was bier in houten emmers verpakt en de vloeistof sijpelde door het poreuze hout naar buiten waar hij verdampte. En verdamping werkt verkoelend, zoals we uit de natuurkundeboekjes weten.
Daarbij werd het bier toen nog niet kunstmatig van koolzuur voorzien. Het bier bevatte maar weinig natuurlijke koolzuur en hoefde alleen maar gekoeld te zijn om fris te smaken. Het tegenwoordige bier met zijn kunstmatige koolzuur moet heel koud worden geserveerd om de scherpe smaak van te veel koolzuurgas te camoufleren.

WAT is de officiële naam van de maan?
We weten nooit hoe we de satelliet van onze planeet nou precies moeten aanduiden. De maan? Maan? maan? de maan? Gekke Gerrit?
Andere planeten hebben ook manen. Hoe heten die? Hoe onderscheiden astronomen de ene maan van de andere?
De juiste benaming van onze enige natuurlijke satelliet is 'de Maan' en het woord moet daarom met een hoofdletter worden geschreven. De zestig natuurlijke satellieten van de andere planeten worden manen genoemd (met een kleine letter) omdat die allemaal een eigennaam hebben, zoals Deimos, Amalthea, Hyperion, Miranda, Larissa of Charon.
Hetzelfde geldt voor onze ster de Zon en onze planeet Aarde. Maar je mag wel 'aarde' met een kleine letter

schrijven als je het woord gebruikt als aanduiding van de grond.
In poëzie en science fiction wordt soms de naam Luna, Latijn voor de Maan, gebruikt, maar nooit in de wetenschap of in het gewone taalgebruik. Namen dienen om bepaalde zaken uit elkaar te kunnen houden. In dit geval hoeft dat niet omdat we maar één maan hebben.

WAAROM heet Rhode Island zo terwijl het duidelijk geen eiland is?
Laten we eerst de eiland-kwestie onder handen nemen. Nee, technisch gesproken is deze staat geen eiland, maar historici zijn ervan overtuigd dat 'Rhode Island' oorspronkelijk niet de naam voor het hele gebied was, maar van wat nu Aquidneck Island heet, daar waar Newport ligt.
Maar waarom 'Rhode'? Mankgaande theorieën in overvloed. Eentje luidt dat de staat naar ene Rhodes is vernoemd (bijzonderheden over deze persoon ontbreken). Een andere veronderstelling gaat ervan uit dat 'Rhode Island' een verengelste vorm is van 'Roode Eyelandt', oud-Nederlands voor 'rood eiland'. De Nederlandse ontdekkingsreiziger Adriaen Block zag een roodachtig eiland in het gebied en op landkaarten uit het midden van de zeventiende eeuw heette de staat vaak Roode Eyeland.
Maar alles wijst erop dat Block niet het met het vasteland verbonden Rhode Island bedoelde, en zelfs niet Aquidneck Island, maar een eiland dat meer westelijk in de baai lag. Daarnaast bestonden er lang voordat er sprake was van 'Roode Eyelandt' geschriften die het gebied 'Rhode Island' noemen.
De meest waarschijnlijke theorie is dat de naam Rhode Island door de ontdekkingsreiziger Giovanni da Verrazano is bedacht, die in zijn logboek van zijn reis in 1524 repte van een eiland 'dat ongeveer net zo groot is als Rhodos,' een verwijzing naar het Griekse eiland. Een eeuw later schreef Roger Williams over 'Aqueneck, bij ons bekend als Rhode Island... '
In 1644 werd de naam officieel van Aquidneck (of 'Aquedneck' en 'Aquetheck'; in die tijd was de spelling

nog niet uniform) in 'The Isle of Rhodes', of 'Rhode Island' veranderd. De in 1636 gevestigde kolonie heette 'Rhode Island and Providence Plantations'.
Toen de kolonie een staat werd, kortte men de naam af tot Rhode Island, een afkorting die wel paste bij zijn geringe omvang.

WAARDOOR verkleurt zwart asfalt op den duur?
Als op de weg een nieuwe bovenlaag wordt gelegd, is deze gitzwart. Hoe komt het dat deze na een paar jaar grijs wordt? Dat kun je zien als ze een kuil in het wegdek repareren. Het materiaal waarmee ze de kuil vullen, steekt donker af tegen de rest van het wegdek. Zelfs kuilen die pas een jaar geleden zijn gerepareerd, zijn grijzer dan nieuwe reparaties.
Je zou toch denken dat vuil en afgesleten rubber de weg nog zwarter maken, in plaats van grijzer.
Dat lijkt een sluitende redenering, maar er zit een addertje onder het gras. De bovenlaag is niet louter zwart. Zij bestaat voornamelijk uit asfalt en stenen. Het asfalt bedekt de stenen en geeft het plaveisel zijn zwarte kleur. Maar als het verkeer over het plaveisel raast, slijt de asfaltbedekking op de bovenste stenen. Steentjes zijn meestal lichter van kleur dan asfalt en daardoor wordt ook de weg lichter van kleur.
Een andere belangrijke oorzaak voor de verkleuring is oxydatie. De bovenlaag van de weg staat altijd bloot aan de open lucht en wordt daardoor vanzelf lichter van kleur.
En wat de slijtage van het loopvlak van banden betreft: ik stel voor dat je daarvoor de prikkelende en briljant geschreven verhandeling over dit onderwerp in het prachtige boek *Waarom krijgen we geen kippevel op ons gezicht?* opslaat. De naam van de auteur is ons even ontschoten, maar we weten zeker dat de plaatselijke boekhandelaar deze uitgave van BZZTôH graag voor je zal bestellen, zeker gezien de schappelijke prijs die de uitgever rekent.

WAAROM moet je als je iets wilt opnemen bij een cassetterecorder tegelijkertijd 'record' en 'play' indrukken en bij een videorecorder alleen 'record?

Onze zegslieden waren het er allemaal over eens dat de consument bij het opnemen van muziek- of tv-programma's liever één knop indrukt. Ze vonden ook dat een recorder met één knop net zo goed presteerde als een recorder met twee knoppen. Waarom moeten we bij een cassetterecorder dan een extra handeling verrichten? Bandrecorders - voorlopers van de cassetterecorder - waren er eerder dan videorecorders en het antwoord op deze vraag kan gevonden worden in de ontwikkelingsgeschiedenis van de eerstgenoemde apparaten. Bij de meeste oude bandrecorders waren de knoppen mechanisch gekoppeld aan het mechanisme dat de band aandreef. De 'record'-knop was zo ontworpen dat je onmogelijk tijdens het afspelen van een band per ongeluk kon gaan opnemen. Om op te kunnen nemen moest eerst de 'record'-knop worden ingedrukt, die bepaalde of het apparaat in de 'wis'-stand stond. Daarna kon de 'play'-knop worden ingedrukt. De moderne opname-apparatuur - videorecorder èn cassetterecorder - heeft servo-besturing om het tapemechanisme in werking te stellen, en sensoren om te controleren of wissen en opnemen mogelijk is. Dankzij de servo-besturing en de sensoren kan men met behulp van het bedieningspaneel, de afstandsbediening of een schakelklok opnemen door maar één knop in te drukken.

Menige cassetterecorderfabrikant heeft eindelijk het licht gezien en brengt binnenkort gebruikersvriendelijke opname-apparatuur met één knop op de markt.

HOE komen buschauffeurs in de bus als de deurkruk aan de binnenkant zit?

Dat hangt van de bus af. Nieuwe modellen hebben vaak een sleutelslot dat de deur automatisch opent als de sleutel wordt omgedraaid. De bussen van Mercedes-Benz hebben een hydraulisch systeem dat in werking wordt gezet door middel van een slot dat op een

onopvallende plaats is weggewerkt. Deze 'onopvallende plaats' zit meestal aan de voorkant van de bus en niet bij de deur zelf.
Bij sommige bussen wordt geen sleutel gebruikt, maar er zit aan de voorkant van de bus een hendel of een drukknop. Bij andere zit er een schakelaar naast de deur. Naast deze moderne technieken hoorden we dat buschauffeurs die zichzelf hebben buitengesloten ook wel eens andere oplossingen bedenken:
1. Ga door de nooduitgang achterin naar binnen, die wel een hendel aan de buitenkant heeft.
2. Duw tegen de gedeeltelijk gesloten, maar nog niet in het slot gevallen deur en trek die van binnenuit open.
3. Wrik de deur met je handen open.

We hebben een donkerbruin vermoeden dat methode drie vaker wordt toegepast dan strikt gezien noodzakelijk is.

WAT is het verschil tussen een meer en een vijver?
'Is dit een echte (on)wetenswaardigheid?' horen we je al mopperen. 'Een meer is gewoon een grote vijver.' Natuurlijk, helemaal waar. Maar heb je je wel eens afgevraagd wanneer precies een vijver een meer wordt? En wat is het verschil tussen een meer, een zee of een plas? Weet jij het? Ja? Solliciteer dan gauw naar een baan op het gebied van de geografie, topografie of geologie! Want de professionals op die terreinen hebben geen standaarddefinitie voor deze wateren.
Een officieel handboek noemt een meer 'elk stilstaand binnenwater van aanzienlijke grootte.' In hetzelfde boek heet een vijver een 'klein zoetwatermeer'. Andere ambtelijke bronnen geven aan dat ook zoutwaterplassen meren mogen worden genoemd.
Er is absoluut niemand bereid te vertellen wanneer een water het formaat van een vijver heeft of de grootte van een meer. Het enige echt duidelijk omschreven verschil tussen de twee is dat een meer altijd op natuurlijke wijze is ontstaan; is het mensenwerk, dan

wordt het water bij de vijvers ondergebracht. Boeren graven vaak vijvers als drenkplaats voor het vee. Een enkele keer worden ze aangelegd om watervogels een broed- en voedselplaats te bieden en viskwekerijen gebruiken ze om vis in uit te zetten.

WAT is het verschil tussen een oceaan en een zee?
Dezelfde mensen die moeite hebben een meer van een vijver te onderscheiden, worstelen met deze vraag. Ook hierbij is men het erover eens dat een oceaan groter is dan een zee.
De gangbare definitie van een oceaan luidt: 'uitgestrekte zoutwatermassa - of een deel daarvan - die tweederde van het aardoppervlak bedekt.' Deze definitie zorgt nog niet voor veel opheldering. Is de Rode Zee een 'groot deel' van de Indische Oceaan? Zo ja, waarom heet hij dan niet de Rode Oceaan? Of waarom wordt hij niet gewoon de Indische Oceaan genoemd?
De meeste zeeën - maar lang niet allemaal - worden door land omgeven en zijn met een oceaan of een grotere zee verbonden. Maar er bestaat geen enkele definitie die deze feiten gebruikt om het onderscheid te maken. Gezaghebbende geografen en geologen zijn het er zelfs niet over eens of een zee zout moet zijn. In het ene gebied kan een zoutwatermassa een *meer* worden genoemd, en in een ander een *zee.* De Grote Meren en het Bovenmeer in Noord-Amerika hebben zoet water, maar zijn officieel *zeeën.*
Het is vervelend maar waar: voor geografische aanduidingen mag je meestal verzinnen wat je wilt. We krijgen vaak de vraag voorgelegd wat het verschil is tussen een straat, een laan of een boulevard. Ooit was het verschil duidelijk. Een straat was een bestraat pad. Met de aanduiding 'straat' werd een nuttig onderscheid tussen een straat en een weg gemaakt, want de laatste was vaak ongeplaveid. Een laan was oorspronkelijk de oprijlaan van de hoofdweg naar een landgoed waarlangs altijd bomen stonden. Ook boulevards waren omzoomd met bomen, maar het waren veel bredere doorgangswegen dan de lanen.
Deze verschillen zijn in de loop der jaren in de praktijk

vervaagd. Projectontwikkelaars en straatnamencommissies hebben ontdekt dat de aanduiding 'straat' voor de wegen in hun complexen of steden de geur van saai en vulgair met zich meetorst. Door het woord 'laan' te gebruiken - oorspronkelijk een smalle, meestal landelijke weg - proberen ze een Wassenaarse sfeer op te roepen in plaats van die van een slordige grote stad. Door het woord 'boulevard' denkt een potentiële koper eerder aan Parijs dan aan een saaie slaapstad.

HOE komt het dat een kunstrijder niet duizelig wordt bij het draaien van een pirouette? Kun je, als je zo snel draait, je blik op een vast punt fixeren?

Niet alleen onze lezers zijn in deze (on)wetenswaardigheid geïnteresseerd. Ook ruimtevaarders willen er graag meer over weten, want die worden vaak luchtziek als ze de ruimte in worden geschoten. De NASA heeft enkele jaren geleden een aantal proeven uitgevoerd om een antwoord op deze vraag te krijgen. Het onderzoek wees uit dat bij een geoefende kunstrijder de pupillen van de ogen tijdens een pirouette niet zo snel meedraaien als bij een ongeoefende schaatser. De duizeligheid wordt veroorzaakt doordat de snel bewegende ogen zich op voorwerpen binnen het blikveld richten.

De ogen van een geoefende schaatser kijken tijdens een pirouette niet naar een vast punt, maar blijven in een stabiele positie op de ruimte tussen de schaatser en het dichtstbijzijnde voorwerp rusten. Zoiets als staren of dagdromen.

Hoe worden de Sjoukje Dijkstra's en Joan Haanappels in spe getraind hun blik niet op voorwerpen of toeschouwers in de hal te richten? Eén methode is te leren een 'vage constante' te zien, een denkbeeldige lijn over de ijsbaan. Die denkbeeldige lijn kan over de zitplaatsen lopen of over de reclameborden langs de baan (en tijdens een pirouette waarbij het hoofd achterover hangt zelfs over het plafond). De belangrijkste overweging daarbij is dat de schaatser zich het middelpunt blijft voelen. Zelfs als hij of zij met de handen en

benen zwaait, moet de schaatser het gevoel hebben dat de schouders, heupen en het hoofd in één lijn liggen.
Ongeoefende schaatsers voelen zich over het algemeen niet het meest duizelig als ze halverwege de pirouette zijn, maar als ze stoppen. Het is hetzelfde gevoel dat we ondergaan als we na een ritje uit zo'n martelende kermisattractie stappen en weer vaste grond onder de voeten krijgen. De draaierigheid kan worden voorkomen door na het stoppen met de pirouette het hoofd in de andere richting te draaien.
Wat ons verbaasde, is dat deze manier van duizeligheid-preventie lijnrecht staat tegenover de methode die balletdansers gebruiken. Die passen een techniek toe waarbij de danser bewust een plek of voorwerp uitpikt om de blik op te fixeren. Tijdens iedere draaiing maken ze zichzelf tot het middelpunt door dat voorwerp of die plek eruit te pikken. Ze draaien het hoofd op het laatste moment mee en volgen de beweging van het lichaam, terwijl schaatsers hun hoofd in één lijn met de rest van het lichaam houden.
Waarom werkt deze techniek niet bij schaatsers? We vroegen raad aan Ronnie Robertson, winnaar van een olympische medaille en de man met de snelste pirouette die ooit op het ijs is uitgevoerd.
Hoe snel? Op zijn snelst maakte Robertson zes wentelingen per seconde. Hij vertelde ons dat de danstechniek bij schaatsers niet werkt omdat deze eenvoudigweg te snel draaien om zich waar dan ook op te kunnen fixeren. Op zijn best kan de schaatser alleen de vage constante zien en dat is al een geestelijk en visueel kunststukje.
Robertson had als trainer Gustav Lussi, die als de beste pirouette-trainer ter wereld bekend stond. Die vertelde hem met zijn ogen dicht rond te tollen. Zo gezegd, zo gedaan. Robertson is van mening dat een pirouette zonder duizelig te worden een kwestie is van geestelijke verdringing, waarbij je de visuele prikkels en snelle oogbeweging uitschakelt die ervoor zorgen dat het lichaam duizelig wordt.
Hij legt uit dat de punt van de schaats op het ijs zo klein

is dat de pirouette van een schaatser ongeveer de snelste is die een rechtopstaand mens kan maken. Volgens Robertson voelde hij zich als zijn lichaam goed in een rechte lijn stond het rustigst als hij op zijn snelst ronddraaide, zoals een tol het meest stabiel is als hij het snelst draait.
Nu we de snelste ronddraaier aller tijden toch aan de telefoon hadden, vroegen we meteen naar een (on)wetenswaardigheid die hiermee in verband staat. Waarom eindigt een kür tijdens een wedstrijd of in schaatsshows bijna altijd met een lange en snelle pirouette? Voordat we onderzoek naar deze (on)wetenswaardigheid deden, gingen we er altijd vanuit dat deze gewoonte was ontstaan omdat de schaatsers na zo snel te zijn rondgedraaid te duizelig waren om nog iets anders te kunnen doen. Maar Robertson vond dit flauwekul.
Het belang van de pirouette is volgens Robertson dat hij in tegenstelling tot andere spectaculaire schaatsfiguren verlengd kan worden. Dubbele en driedubbele Rietbergers mogen het publiek in vervoering brengen, maar de schaatser wil een enthousiaste en langdurige reactie op de finale van zijn of haar oefening. Pirouettes zijn daarvoor ideaal omdat ze langzaam beginnen en uiteindelijk naar een zo snelle climax gaan dat er alleen met behulp van slow-motionbeelden ten volle van kan worden genoten.
Robertson denkt dat het publiek niet het begin maar het einde van een voorstelling onthoudt. Als een schaatser het publiek tot een staande ovatie weet te bewegen, worden de naar men zegt nuchtere juryleden wellicht beïnvloed.
Robertsons handelsmerk was niet alleen een verblindend snelle pirouette, maar ook een opmerkelijke afsluiting. Hij gebruikte zijn vrije voet om zijn laatste pirouette in één keer op het snelste punt te stoppen. Waarschijnlijk opende hij daarna snel zijn ogen om met volle teugen van de waardering van het publiek te genieten.

WAAROM zakt een rietje bij de ene drank naar de bodem van het glas en blijft het bij de andere drijven?

Of een rietje zinkt of niet hangt af van de vloeistof in het glas en het materiaal waarvan het rietje is gemaakt. Het verschijnsel van het snel omhoog komende rietje doet zich gewoonlijk voor bij koolzuurhoudende limonades. Er vormen zich dan koolzuurbelletjes aan de binnen- en buitenkant van het rietje. De opwaartse druk van het rietje neemt toe en hij stijgt geleidelijk uit de vloeistof omhoog.

Op het moment dat de limonade wordt ingeschonken, staat het gas nog onder aanzienlijke druk. Als de druk wegvalt, vormt het gas belletjes aan de binnenkant van het glas en op het rietje. Als er meer belletjes komen, krijgt het rietje opwaartse druk genoeg om steeds hoger in het glas te gaan 'drijven'.

Maar zo nu en dan stijgt het rietje ook op uit een niet-koolzuurhoudende frisdrank. We konden geen verklaring voor dit verschijnsel vinden tot we in contact kwamen met de directeur van een rietjesfabriek. Men wil vaak graag weten hoe onze informatiebronnen op rare vragen reageren. Ons antwoord is steevast: verschillend. Uiteraard zijn we gek op gezaghebbende zegslieden die ons gedienstig met feitjes overladen. Maar we hebben ook een speciaal plekje in ons hart voor de mensen die ons eerst een beetje peentjes laten zweten voordat ze hun geheim prijsgeven. Hier het verhaal van onze directeur:

'Na enige tijd over uw vraag te hebben nagedacht, besloot ik uw brief wegens te drukke werkzaamheden terzijde te leggen. Later vond ik de brief terug en besloot om te proberen een antwoord te formuleren dat enigszins technisch van aard is, gemengd met wat gezond verstand en een grap hier en daar.

Om te beginnen: ik weet dat de activiteit waarnaar u verwijst iets met soortelijk gewicht te maken heeft. Volgens Van Dale is soortelijk gewicht "de verhouding tussen het gewicht van een stof en die van een gelijk volume chemisch zuiver water bij een opgegeven standaardtemperatuur".

Tegenwoordig worden rietjes van polypropyleen gemaakt, jaren daarvoor van polystyreen, daarvoor van papier en nog eerder van rietstengels.
Als we het soortelijk gewicht op 1 zetten, dan heeft polypropyleen een soortelijk gewicht van 0,9 en polystyreen van 1,04. Een rietje van polypropyleen zal in een glas water omhoog gaan, eentje van polystyreen zal zinken. Maar een rietje van polystyreen zal in een koolzuurhoudende frisdrank naar boven drijven als de belletjes zich aan het rietje vastzetten, want dan wordt het kleine verschil in soortelijk gewicht opgeheven. Om dezelfde reden zal een rietje van polypropyleen in een koolzuurhoudende limonade hoger stijgen. Als je een rietje van polypropyleen in benzine steekt - probeer dat alsjeblieft niet zelf! - zal het zinken omdat het soortelijk gewicht van benzine lager is dan van water.
Als je tien even volle glazen gevuld met een verschillende vloeistof op een rijtje zet, zullen de rietjes hoogst waarschijnlijk op een verschillend niveau drijven. Dat komt door het verschillende soortelijk gewicht van de vloeistoffen en door de verschillende hoeveelheid belletjes die zich aan de rietjes vastzet.
Het was me liever geweest als u dit onderwerp niet ter sprake had gebracht, want ik ga nu lunchen. Ik denk dat ik maar koffie neem, zodat ik ongestoord over de (on)wetenswaardigheden van mijn eigen handel kan nadenken.
Veel succes.'

Het succes dat u ons toewenst kunnen we allemaal best gebruiken. Ik weet ook zeker dat u een voedzame lunch hebt gehad. Iedereen die ons informatie verschaft, kan met een rein geweten eten (en slapen) in de wetenschap dat hij of zij de medemens geestelijk op een hoger plan heeft getild.

WAAROM wordt een althobo een 'Engelse hoorn' genoemd, terwijl het instrument niet uit Engeland komt en ook geen hoorn is?

De 'Engelse hoorn' is in werkelijkheid in Frankrijk uitgevonden. Niemand weet precies waarom of hoe het instrument onder de hoorns werd gerangschikt.

Maar de vraag waar het hier om draait is waarom dit instrument in naam naar Engeland is verhuisd. Het bestaan van het instrument wordt in ieder geval al in de zeventiende eeuw vermeld. In het begin van de achttiende eeuw werd de Engelse hoorn *wald-hautbois* (waldhobo) genoemd. Johann Sebastian Bach en andere componisten uit de barok-tijd veritaliaansten de term tot *oboe da caccia* (jachthobo).

Omstreeks 1760 dook de naam *corni inglesi* (Engelse hoorn) in de partituren van Haydn en Gluck op, maar het is nog steeds onbekend waarom de tenorhobo Engelse hoorn is gaan heten.

Wat is er tussen het begin van de achttiende eeuw en 1760 gebeurd waardoor de naam van het instrument in Engelse hoorn veranderde? We vroegen enkele deskundigen hun gedachten over deze vraag te laten gaan. Ze kwamen met een acceptabele uitleg die helaas niet door feiten wordt geschraagd: de term Engelse hoorn is een verbastering van *cor anglé*, het Frans voor gebogen hoorn. Hoewel het instrument net als de 'gewone' hobo oorspronkelijk recht was, begonnen in het begin van de achttiende eeuw instrumentmakers de Engelse hoorn van bochten te voorzien omdat hij bij het jagen werd gebruikt.

Volgens deze theorie lieten de Engelsen zich door een homoniem in de war brengen: *anglé* klinkt in het Frans als *anglais* (Engels). En zoals het oprechte chauvinisten betaamt, maakten ze van *cor anglé* Engelse hoorn.

WAAROM zijn onze vingers niet even lang? WAAROM is de pink bijvoorbeeld korter dan de wijsvinger?

In de weinige boze brieven die we krijgen, wordt voornamelijk gereageerd op antwoorden waarin we ervan

Waarom zijn onze vingers niet even lang?

uitgaan dat de evolutietheorie juist is. Helaas voor hen die niets van Darwin moeten hebben: ook deze (on)wetenswaardigheid kunnen we volgens de deskundigen vanuit de evolutietheorie verklaren.
Mensen hebben, net als alle andere vierpotige gewervelde dieren, vingers en tenen die kenmerkend zijn voor de grote groep waartoe zij behoren (een *klasse*: amfibieën, reptielen, zoogdieren) en voor een kleinere groep binnen die klasse (een *orde*: knaagdieren, carnivoren, primaten). Wij hebben dus vingers met een lengte die kenmerkend is voor de handen van rechtop lopende zoogdieren.
Uiteraard zijn er variaties bij de verschillende soorten en zelfs verschillen tussen de individuele leden van dezelfde soort. Sommige mensen hebben een ringvinger die duidelijk langer is dan de wijsvinger, bij anderen zijn ze even lang. We hebben eens een vrouw gekend wier tweede teen zeker een centimeter langer was dan haar 'grote' teen.
Maar zit er enige logica achter de lengte van onze vingers? Nou en of! Pak maar eens een tennisbal op. Je zult dan zien dat je vingers even lang lijken. De lengte was oorspronkelijk een aanpassing om van boomtak tot boomtak te zwaaien, en later om voorwerpen op te pakken. Een 'hand met gelijke vingers' is minder wendbaar. Een lange pink zou bijvoorbeeld veel vaker breken.
Twee kenmerken van de vingers en tenen van de hogere gewervelde zoogdieren weerspiegelen de mogelijke oorzaken van de ongelijke lengte. In de eerste plaats kunnen we ons door de kleinere buitenste tenen efficiënter voortbewegen. En ten tweede verloren veel hogere gewervelde zoogdieren in de loop der tijd sommige lichaamsdelen (paarden hebben bijvoorbeeld op één na al hun tenen verloren).
Zullen de mensen de komende honderd miljoen jaar een teen of vinger kwijtraken? Wie weet, maar er is dan helaas geen enkele aanhanger van de evolutietheorie of scheppingsleer meer om het met eigen ogen te kunnen zien.

WAARDOOR schuimt shampoo beter als je het voor de tweede keer in je haar doet?
Zelfs met nat haar en natte handen lukt het ons maar niet om lekker veel schuim te krijgen als we ons haar wassen. Maar nadat we het een keer uitgespoeld hebben, schuimt de shampoo heerlijk overdadig. Waarom lukt dat de tweede keer wel? Omdat we vet haar hebben. Bij het de eerste keer inmasseren van de shampoo wordt het schuimen tegengehouden door de olie in het haar. Als de olie is uitgespoeld (na de eerste wasbeurt), schuimt de shampoo bij de tweede keer veel beter.

WAAROM verbranden sigarettefilters niet? Zit er tussen de tabak en het filter iets dat verbranden voorkomt?
Ook sigaretten zonder filter verbranden langzaam. Als de tabak dicht genoeg ineen gedrukt is, heeft hij te weinig zuurstof als voeding voor het verbrandingsproces. Ook de poreusheid van het sigarettenpapier kan de snelheid van verbranding bepalen.
Maar bij een filtersigaret is een extra hindernis ingebouwd om het verbranden te vertragen en die is gelukkig niet van asbest. Het filter zit met een speciaal, nietporeus filterpapier aan het sigarettenpapier vast. Dit papier dooft de gloeiende tabak door de hoeveelheid zuurstof aanzienlijk te verminderen. In feite zit er dus écht iets tussen de tabak en het filter, maar het zit óm de sigaret, en niet tussen de tabak en het filter binnenin de sigaret.

WAT hoor je precies als je met een gloeilamp schudt?
De zee? We dachten van niet.
Wat je hoort hangt er in feite vanaf of je met een goede of een kapotte lamp schudt. Als je met een nieuwe, goed werkende gloeilamp schudt, heb je in zeldzame gevallen de kans dat je het delicate geluid hoort van losse wolframdeeltjes die tijdens het fabricageproces in de peer zijn achtergebleven. Deze losse deeltjes hebben geen invloed op de levensduur of werking van

de gloeilamp. Maar als je echt iets hoort rinkelen, is de kans groot dat je met een kapotte gloeilamp schudt. De meeste mensen controleren op deze manier of de gloeilamp kapot is. Je hoort dan de deeltjes van de doorgebrande gloeidraad tegen elkaar slaan; het doorbranden van de gloeidraad is de doodsoorzaak van de meeste lampjes.
Tenzij er wolframdeeltjes in het peertje zitten, behoor je niets te horen als je met een goede gloeilamp schudt.

WAARDOOR tinkelt een tl-buis als je hem aanzet?
Bij oudere tl-monturen werd een voorverwarm-systeem gebruikt met een bimetalen starter (het zilverkleurige rondje). In de starter zit een bimetalen ontsteking die tinkelt als hij in werking wordt gesteld. Door de nieuwe tl-buizen met hun snelle start-systeem is het getinkel een mooie herinnering aan het verleden geworden.

WAAROM willen katten zo graag achter hun oren worden gekriebeld?
De meeste poezen willen graag gekriebeld worden om dezelfde reden die veel mensen tot een massagebeurt verleidt: het voelt prettig aan. Ze vinden het gewoon fijn om door hun baasje over hun hele lichaam te worden geaaid of gekriebeld. De huid van een poes zit boordevol zenuwen, waardoor het aaien een zinnelijke ervaring is.
Ook ónze huid zit vol zenuwen en toch begint niemand van ons van genot te kronkelen als we achter de oren worden gekriebeld. Maar wij hebben dan ook geen oormijt en de meeste poezen wel. De oormijt verbergt zich in de huidlagen om de gehoorgang. De poes reageert op de uitwerpselen en enzymen die de mijt produceert, is er vaak zelfs allergisch voor en krijgt last van jeuk. Als haar baasje haar achter haar oor kriebelt, geeft haar dat een lekker gevoel en is haar reactie vol waardering.

WAAR is het velletje van een hotdogworst van gemaakt?
De vraag is natuurlijk of het velletje van een hotdogworst net als bij andere worsten van dierlijke darmen is gemaakt. We weten nog dat we een hotdog soms met een mes te lijf moesten om hem op te kunnen eten. Is het velletje van een hotdogworst tegenwoordig soepeler dan vroeger?
Kennelijk hebben de fabrikanten terwijl wij druk bezig waren de worsten naar binnen te werken ongemerkt de velletjes weg laten halen. Maar weinig fabrieksmatig geproduceerde hotdogs hebben er nog een. Tijdens het koken en roken wordt de worst om de goede vorm te krijgen in een omhulsel van cellulose gestopt, maar dat wordt verwijderd voordat de worsten worden verpakt. Wat voor ons een velletje lijkt, is in feite de hardere buitenkant. Deze buitenkant kan worden vergeleken met het korstje van een taart dat ontstaat tijdens het bakken.

WAAROM gebruiken ze in strips altijd hoofdletters?
De striptekenaars die we om commentaar vroegen waren het er allemaal over eens dat het makkelijker is de tekst in hoofdletters te schrijven. Wij maken al blaadjes sinds de lagere school en hebben nooit veel problemen gehad met het drukken in kleine letters, maar striptekenaars moeten rekening houden met zaken die ons nooit erg bezig hebben gehouden. Door uitsluitend hoofdletters te gebruiken kunnen ze de beschikbare ruimte beter benutten. Kleine letters verschillen niet alleen in hoogte, maar er zijn er een paar die de nare gewoonte hebben onder of boven de meeste andere letters uit te schieten (de l maakt van de a een dwerg; de p's en q's duiken onder de andere letters).
Maar wat belangrijker is: hoofdletters zijn makkelijker te lezen. De meeste stripverhalen worden verkleind afgedrukt en de letters slibben dan gauw dicht.
We wilden dat onze boeken in hoofdletters werden gezet. Dan zouden we meteen van dat irritante probleem zijn verlost welk woord wel en welk woord niet

met een hoofdletter moet worden geschreven. Nu we toch aan het dagdromen zijn... we vragen ons af hoe *Classic Illustrated* het aan zal pakken als ze een stripversie van de verzamelde gedichten van e.e. cummings maakt, de befaamde Amerikaanse dichter die zo eigenzinnig met de typografie omging.

WAAROM zijn de hakken van herenschoenen uit laagjes opgebouwd?

Rubber is voor de hakken het meest duurzame en aantrekkelijke materiaal. Maar een hak van alleen rubber is vaak te zacht, waardoor hij onvoldoende steun biedt. Daarom wordt de onderkant van de hak van polyethyleen van ongeveer een centimeter dik gemaakt, waarboven een ongeveer even hoog hakdeel van rubber zit. Deze combinatie geeft het beste resultaat. Polyethyleen is ook beter bestand tegen het vocht waaraan een hak voortdurend blootstaat.

Om een hak van gelaagd leer te maken, zijn vele laagjes leer van zo'n drie millimeter elk nodig. Schoenen met een hak van louter rubber worden meestal als inferieur beschouwd.

Hakken van polyethyleen zijn goedkoper dan die van rubber, waardoor de kosten voor de fabrikant en gebruiker lager zijn en ze ook goedkoper kunnen worden gerepareerd. In veel gevallen hoeft bij beschadiging niet de hele hak te worden vervangen. Het is veel goedkoper slechts een deel van de hak te hoeven vervangen, terwijl die ook makkelijker verkrijgbaar is dan een hele hak.

WAAROM meten ze een paard tot aan de schofthoogte en niet tot en met het hoofd?

Vergelijk het meten van een paard maar eens met het meten van een kind dat zich in alle bochten wringt. Een kind kun je nog met zijn rug tegen een muur zetten. Als zijn benen, rug en nek rechtop staan zal de meting redelijk nauwkeurig zijn. Maar de ruggegraat van een paard loopt horizontaal (en niet, zoals bij mensen, verticaal). Er is geen eenvoudige manier om er zeker van te zijn dat een paard hoofd en hals op hetzelfde punt stil houdt. Daardoor is er te veel verschil in het meten tot en met het hoofd en heeft dat dus weinig zin. Als een paard op alle vier de benen rechtop staat, bevindt de bovenkant van de schoft (het hoogste punt in de ruggegraat boven de schouder) zich altijd op een *vaste* afstand boven de grond en dit is daarom een constant meetpunt om de hoogte te bepalen. Bij het meten vanaf het hoofd kunnen verschillen van meer dan een meter ontstaan.

WAARDOOR krullen de randen aan de lange zijde van lasagna bijna altijd omhoog?
Het omhoog krullen van de randen van plakken lasagna is om de saus en de vulling op hun plaats te houden. Als de plakken lasagna vlak zijn, stromen saus en vulling tijdens het koken en opeten uit het gerecht. Prangende vraag onzerzijds: is er geen manier om de lasagna (en de saus) op onze vork te houden tijdens de lastige reis van bord naar mond?

WAT ruiken we eigenlijk als we genietend de geur van een nieuwe auto opsnuiven?
Je gelooft toch zelf niet dat er maar één ingrediënt zo'n waaier aan geuren kan veroorzaken? Nee natuurlijk. De auto-industrie doet haar uiterste best de juiste melange voor het hoogste reukgenot te componeren. De geur waar we allemaal in een nieuwe auto van genieten is een combinatie van geuren die wordt voortgebracht door nieuwe grondverf, lak en het plastic dat wordt verwerkt in het dashboard, om de ramen en langs de portieren. Daarbij komen de luchtjes van de matten, stoffen, het leer en vinyl die voor de bekleding en de afwerking worden gebruikt. Rubber, lijm en vulmiddelen dragen ook hun steentje bij in het creëren van deze unieke geur die nooit zo lang blijft hangen als we wel zouden willen en nauwelijks na te maken is.

WAAROM zijn sommige schoonmaakmiddelen alleen voor industrieel of bedrijfsgebruik? In WELK opzicht verschillen ze van schoonmaakmiddelen voor huishoudelijk gebruik?

Op enkele uitzonderingen na kennen de schoonmaakmiddelen voor de industrie dezelfde chemicaliën en detergenten als die voor huishoudelijk gebruik. Maar het concentraat voor de industrie bevat wel veel minder water. Waarom? Dat is eerder om commerciële en sociologische redenen dan om technische.

Tot in de jaren vijftig werd het schoonmaken voornamelijk met zeep gedaan (vetzuren en loog) en niet met detergenten (gemaakt van alkalische stoffen). In tegenstelling tot de detergenten had zeep niet veel water nodig voor een schoon resultaat. Een consument die zeep gebruikte deed er zelden water bij.

Toen in de jaren vijftig de synthetische detergenten op de markt kwamen, pasten de huisvrouwen het nieuwe reinigingsmiddel niet op de juiste manier toe. De fabrikanten moesten water aan de schoonmaakmiddelen voor huishoudelijk gebruik toevoegen omdat de consumenten er zelf niet genoeg water bij deden waardoor het produkt niet goed werkte. Daarnaast waren de huishoudelijke gebruikers gewend het schoonmaakmiddel direct op een spons of het vuile oppervlak aan te brengen in plaats van het reinigingsmiddel eerst met water te verdunnen.

Uiteraard moesten de klanten meer geld betalen voor deze extra toevoeging; schoonmaakmiddelen voor industrieel gebruik zijn veel goedkoper dan die voor huishoudelijk gebruik en niet alleen omdat schoonmaakbedrijven het middel in grote hoeveelheden kopen. Als je een schoonmaakmiddel in de supermarkt koopt, neem je voornamelijk een grote fles met water mee.

Industriële gebruikers hebben heel andere prioriteiten. Ze zijn maar al te graag bereid een beetje gemak op te offeren om op de kosten te besparen. Door het produkt als concentraat te kopen, hoeven ze niet voor een overbodige verpakking te betalen. Schoonmaakbedrijven weten ook dat detergenten moeten worden

verdund om goed te werken. In bijna alle gevallen kunnen 'industriële' schoonmaakmiddelen gewoon in huis worden gebruikt. Als ze maar voldoende worden verdund.
Er is maar één groot verschil tussen de ingrediënten voor de middelen voor industrieel en huishoudelijk gebruik. Huismannen en -vrouwen willen graag dat een schoonmaakmiddel prettig ruikt. Inkopers van bedrijven kan dat in het algemeen weinig schelen (hun schoonmaakpersoneel denkt daar ongetwijfeld heel anders over). Daarom zit er in veel schoonmaakmiddelen voor huishoudelijk gebruik een geurtje om de stank van onwelriekende ingrediënten te maskeren. Dat geurtje drijft de prijs van het middel op zonder dat je er beter door schoon gaat maken.
Overigens worden momenteel in verband met de toenemende zorg om het milieu steeds vaker schoonmaakmiddelen voor huishoudelijk gebruik in meer geconcentreerde vorm op de markt gebracht.

WAAROM werden duels altijd bij zonsopgang uitgevochten? Of gebeurt dit alleen in boeken en films?
Helaas, alleen in boeken en films. Volgens geschiedkundigen werden duels op elk moment van de dag uitgevochten. Maar wel bij voorkeur bij zonsopgang; een duel in de schemering zou eerder door een toevalstreffer worden beslecht dan in het eerste zonlicht.
Het argument van de geschiedkundigen overtuigt ons niet. Misschien dat we zo vroeg ons bed uitkomen om te vissen. Maar als we wisten dat we op die speciale dag een kans van vijftig procent maakten om te overlijden, zouden we toch minstens eerst lekker willen uitslapen om daarna een vorstelijk ontbijt met verse croissants te nuttigen.
Maar er is één redelijk vermoeden voor deze merkwaardige voorliefde van de duellisten om op zo'n akelig tijdstip een strijd op leven of dood te voeren. Bij zonsopgang en met een strijdperk dat in de noord-zuid richting ligt, heeft geen van de twee duellisten het voordeel van de zon in de rug. Daarbij lag de plaatselij-

ke koddebeier op dat uur meestal nog op één oor of – als er een politiekorps was – wisselde men van de nacht naar de dagdienst. De kans op ingrijpen van de wet was daarom tot een minimum beperkt. Dat is ook de reden waarom de meeste inbraken worden gepleegd op het moment dat bij de politie de aflossing plaatsvindt.

WAT zijn precies de vrije kunsten en WIE heeft ze zo aangeduid?

We namen contact op met verschillende instituten die onderwijs in de vrije kunsten geven. Geen van hen kon deze vraag beantwoorden. Blijkbaar betekent een goede opleiding in de vrije kunsten nog niet dat je weet wat vrije kunsten zijn.

Maar in een encyclopedie kun je vinden dat het begrip vrije kunsten zoals in de middeleeuwen ontwikkeld, zeven studiegebieden kent: spraakkunst, logica, retorica, rekenkunde, meetkunde, muziek en astronomie. Waarom wel astronomie en geen biologie? Waarom retorica en geen letteren? Om een antwoord op deze vragen te krijgen moeten we in de geschiedenis van de vrije kunsten spitten.

De uitdrukking is afgeleid van het Latijnse *artes liberales*, 'geschikt voor een vrije mens'. De vrije kunsten staan tegenover de 'slaafse' kunsten, die op praktische toepassingen waren afgestemd.

Leraar Tom Fitzgerald schreef ons dat 'de vrije kunsten als "bevrijdend" werden beschouwd en de student in staat stelde zich boven het wereldse te verheffen, te scheppen, volledig mens te zijn, te geloven (in de middeleeuwse zin).'

Maar het begrip van de zeven verheffende kunsten dook ver voor de middeleeuwen al op. In Spreuken 9:1, zegt de bijbel, 'De Wijsheid heeft haar huis gebouwd, zij heeft haar zeven pilaren uitgehouwen.' Voor de geboorte van Christus en in de eerste eeuw discussieerden Romeinse schrijvers als Cicero en Quintilian over de juiste studie voor de redenaar en volksleider. Marcus Terentius Varro (116-27 voor Christus) legde in zijn *Libri Novem Disciplinarum* de

zeven kunsten vast maar voegde er ook medicijnen en architectuur aan toe.
In het begin van het christendom waren de kerkouderlingen tegen de klassieke vrije kunsten. De Apostolische Constituties uit de derde eeuw veroordeelden ze misschien wel het felst:
'Ziet af van alle schriftuur van de heidenen want wat hebt gij te maken met vreemde verhandelingen, wetten of valse profeten, die in werkelijkheid de onnozelen van het geloof afkeren? Als gij de geschiedenis wilt vorsen, hebt gij de Boeken der Koningen; als gij woorden van wijsheid en welsprekendheid zoekt, hebt gij de Profeten, Job en het Boek der Spreuken, waarin gij een volmaakte kennis van alle welsprekendheid en wijsheid zult vinden, want zij zijn de stem van de Heer.'
Latere Christelijke geleerden als Augustinus accepteerden de studie van de vrije kunsten wel.
De compilator Martianus Capella uit Carthago legde in zijn *De nuptiis Mercurii et philologiae* de vrije kunsten definitief vast. Deze allegorie uit de vierde eeuw telde negen boeken. In de eerste twee werd het huwelijk beschreven tussen de dochter van de Wijsheid, een sterfelijke maagd die het onderwijs vertegenwoordigde, en Mercurius die, als uitvinder van het schrift, de Griekse kunsten symboliseerde. De andere zeven boeken beschreven de bruidsmeisjes. Apollo weigerde twee 'bruidsmeisjes' de toegang, medicijnen en architectuur, 'aangezien deze zich met vergankelijke aardse zaken bezighouden.'
De moderne vrije kunsten, de alfawetenschappen, worden door veel mensen afgewezen omdat ze geen praktisch nut hebben. Het ontbreekt hen aan het historische besef dat juist dit gebrek aan 'relevantie' van begin af kenmerkend is geweest voor de vrije kunsten.
In de oudheid moesten de slaven zich bezoedelen met praktische zaken als architectuur, techniek en rechten. Alleen de echt vrije elite kon de ivoren toren beklimmen om zich daar over te geven aan bespiegelingen over de rekenkunde.
Tegenwoordig is de betekenis van de vrije kunsten in-

derdaad duister. Ongeveer alles kan onder de paraplu van de vrije kunsten vallen: letteren, vreemde talen, naast astronomie ook andere exacte wetenschappen, geschiedenis, filosofie en sociale wetenschappen. Zolang het maar een vak is zonder direct praktisch nut.

WAAROM staan veel vogels op één poot als ze slapen? En WAAROM stoppen ze dan vaak hun kop onder een van de vleugels?

Vogels kunnen net zo makkelijk op één poot als op twee poten staan. Wanneer ze op één poot staan (of ze wel of niet slapen) geven ze de andere poot rust.

Maar vogels proberen ook warm te blijven. De klauwen van vogels zijn kaal en ze verliezen veel lichaamswarmte via hun poten, vooral als ze op ijs of in koud water staan. Vogels hebben een snelle stofwisseling en proberen zoveel mogelijk energie vast te houden. Daaruit is de gewoonte ontwikkeld om op één poot te staan.

En in overeenstemming met het bovenstaande: vogels stoppen hun kop onder hun veren om warmte vast te houden.

WAAR blijven de vetrolletjes als je een korset draagt?

Dat hangt zowel van het korset af als van de vrouw die het korset draagt.

De meeste korsetten hebben aan de voorkant inzetstukken die het buikje moeten bedwingen. Bij veel exemplaren worden ook de heupen en het achterste in toom gehouden.

Maar waar gaan de vetrolletjes naar toe? Als we een riem te strak aansnoeren, ploffen onze buik en 'zwembandjes' over de riem. Als we ons in de ribben prikken, verdwijnen onze vingertoppen in vleeskussentjes. En toen de Victoriaanse dames korsetten droegen, kregen ze alleen zo'n negentiende eeuwse slanke leest door hun heupen en middenrif met weggepropt vlees op te pompen. Nadere informatie bij de deskundigen leerde dat we over korsetten nog heel veel niet wisten.

In de eerste plaats, 'korsetten' mag dan de technische

term voor deze kledingstukken zijn, de handel prefereert echter de flitsende aanduiding *shapewear*, modeldracht. Waarom? Omdat het woord korset het ouderwetse beeld oproept van ongemakkelijk en insnoerend ondergoed. De aloude korsetten waren niet elastisch, waardoor het vlees net als bij te strak aangetrokken riemen onder het elastiek vandaan kroop (meestal onder de billen of boven het middel).
Shapewear drukt het vlees niet weg, maar verdeelt het evenredig waardoor het model van het lichaam verandert. Er zijn tegenwoordig veel verschillende soorten korsetten. Als een vrouw het probleem heeft dat de vetrolletjes uit de pijpen van het korset puilen, kan ze een korset met lange pijpen nemen. Als het Rubensiaanse vlees bij het middenrif naar buiten kruipt, zal een korset met een hoog middel het probleem oplossen.
Vlees is zo slap dat het probleemloos in een andere vorm kan worden gedrukt. Shapewear is van zacht en elastisch materiaal gemaakt. Het moderne korset functioneert meer als een sportbandage: de ondersteuning kan een goed gevoel geven.
Vrouwen met een flinke boezem dragen soms zogenaamde verkleinende bh's die het weefsel over een breder vlak verdelen. Als de borsten over een groter gebied zijn gespreid, lijken ze in totaliteit kleiner. Moderne korsetten werken net zo. Je kunt het principe op jezelf uitproberen. In plaats van met een vinger in een vet gedeelte van je lichaam te prikken, kun je er ook zachtjes met uitgespreide hand op drukken: er zal veel minder vlees worden verplaatst.
De uitvinding van lycra heeft het korset weer aanvaardbaar gemaakt voor de jonge vrouw van deze tijd. Door 15 tot 30 procent lycra aan het traditionele materiaal toe te voegen, zijn de korsetten veel comfortabeler geworden. Lycra past zich aan de lichaamsvorm van de draagster aan, waardoor de korsetten het vlees kunnen gladstrijken zonder het samen te drukken. Gevolg: geen bobbels of vouwen. Korsetten met lycra schuiven de vetrolletjes niet opzij maar verdelen de overvloed over het omringende lichaamsgebied.

WAT voeren muggen overdag uit? En WAAR zijn ze dan?
Op ieder moment van de dag steekt ergens ter wereld een mug een mens. Er zijn zoveel verschillende soorten muggen en al die verschillende soorten kennen even zovele verschillende gewoonten dat het ondoenlijk is een algemeen beeld te schetsen. Sommige muggen, vooral de soorten die in de bossen leven, zijn dagdieren. Maar de hier levende muggen zijn schemer- en nachtdieren (en zijn actief tijdens de schemer in de avond en de ochtend).
De meeste muggen zijn actief binnen een korte tijdspanne van de dag of avond, meestal binnen één of twee uur. In dezelfde tijd dat muggen 's nachts steken, eten ze, paren ze en leggen eitjes. Gewoonlijk hebben de vrouwelijke schemer- en nachtmuggen een vaste plek, of ze nu vetdeeltjes uit mensenbloed in eitjes omzetten of alleen maar wachten tot ze voor hun energievoorziening weer op zoek gaan naar levenssappen. Hoewel ze soms één of twee keer per dag op zoek gaan naar voedsel, kan er tussen twee bloedmaaltijden een week verstrijken.
Als de klimatologische omstandigheden stabiel blijven, houden de muggen zich iedere dag aan hetzelfde rustpatroon. Maar hun activiteiten kunnen door vele factoren radicaal veranderen:

1. Licht (De meeste schemer- en nachtmuggen vliegen niet graag in het zonlicht. En anderzijds zullen sommige nachtmuggen overdag actief zijn als het in huis donker is.)

2. Vochtigheid (De meeste muggen zullen relatief weinig actief zijn als de vochtigheidsgraad laag is.)

3. Temperatuur (Ze vliegen niet graag als het heet is.)

4. Wind (Muggen zijn windgevoelig en komen gewoonlijk niet van hun plaats bij een windkracht van vijftien kilometer per uur.)

Maar waar houden de nachtmuggen zich overdag schuil?
De meeste vliegen nooit al te ver van hun broedplaats en strijken neer in de vegetatie. Vooral gras is geliefd. Maar andere rusten in bomen; hun kleur biedt een uitstekende camouflage tegen aanvallers.
De ook bij ons voorkomende variëteit *Anopheles maculipennis* (de malariamug) zoekt vaak een vast onderdak. Huizen en schuren zijn favoriete plekken, maar in geval van nood is hij ook tevreden met een brug of tunnel. Schemer- en nachtmuggen voelen zich prima op de muur van een huis tot er te veel licht in de kamer komt. In de vrije natuur wonen de onderdak zoekende muggen in bomen of grotten.
Slapen of rusten muggen tijdens die tweeëntwintig uur niets doen? Niemand weet het. We reserveren hierbij de titel *Wanneer slapen muggen?* als de titel voor een volgend deeltje uit deze reeks (on)wetenswaardigheden.

WAAROM is de Griekse letter 'pi' gekozen om de verhouding tussen de omtrek en de middellijn van een cirkel uit te drukken?
De geschiedenis van de term 'pi' is zo ingewikkeld en boeiend dat er hele boekdelen over het onderwerp zijn geschreven. Er bestaan twee Griekse woorden voor een perimeter, namelijk *perimetros* en *periphireia*. De omtrek van een cirkel heet perimeter, en de eerste letter van het Griekse voorvoegsel *peri* (dat 'rond' betekent) is in deze twee woorden als symbool gekozen.
Wiskundigen probeerden al voor het begin van onze jaartelling pi uit te rekenen. Maar het zijn niet de oude Egyptische of Griekse wiskundigen geweest die de term voor het eerst toepasten. Pi werd al eerder gebruikt als afkorting van periferie, maar in 1706 werd het voor het eerst als aanduiding voor de verhouding tussen cirkel en middellijn gebruikt in het boek *A New Introduction to Mathematics* van de Engelse schrijver William Jones, die beter bekend is als vertaler van het werk van Isaac Newton. De term pi werd pas in 1737

algemeen geaccepteerd toen de beroemde Zwitserse wiskundige Leonhard Euler hem populair maakte.
Hoe noemden de oude Grieken die verhouding dan wel? Waarschijnlijk beschikten ze niet over een handige afkorting. Verschillende antieke culturen beoefenden de wiskunde in woorden en gebruikten nauwelijks afkortingen of symbolen. Zonder die hulp behaalden ze toch verbazingwekkende resultaten. De in 287 voor Christus geboren Archimedes zou de waarde van pi tussen de 3 10/71 en 3 1/7 hebben vastgesteld (in onze decimale notatie: tussen de 3,14084 en 3,142858).
In de eeuwen daarna kwamen wiskundigen uit andere landen met nog nauwkeuriger berekeningen: omstreeks 150 kwam Claudius Ptolemaeus uit Alexandrië tot een waarde van 3,1416. Omstreeks 480 verbeterde de Chinees Tsjoe Tsj'ong Tsji de berekening tot 3,1415929, tot zes cijfers na de komma juist.
Waarom is de wiskundige woordenschat ogenschijnlijk zo'n willekeurig ratjetoe van Griekse en Latijnse woorden? De Grieken waren enthousiastere wiskundigen dan de Romeinen, die meer in de praktische uitwerking waren geïnteresseerd dan in de analytische kant van de wiskunde. Gelukkig werden de Griekse geschriften door de Islamitische geleerden bewaard. We hebben nog toegang tot het wiskundige werk uit de antieke Griekse tijd doordat deze Islamitische geleerden bibliotheken in Spanje stichtten; nadat ze uiteindelijk uit Spanje waren verdreven werden de boeken eerst in het Latijn en daarna in andere Europese talen vertaald, waarvan sommige een Latijnse - zoals het Frans en Italiaans - oorsprong hadden. Vandaar deze verwarrende mengeling van Grieks en Latijn.

WAAROM komt er ijs op het water van meren en vijvers als warmte opstijgt?

Iedereen die wel eens ijsblokjes in een bakje heeft gemaakt weet dat water van kamertemperatuur dichter wordt als het bevriest. We weten ook dat warmte opstijgt. En dat de zon rechtstreeks op het oppervlak van het water schijnt en niet op de bodem. Drie weten-

schappelijke waarheden die je doen verwachten dat ijs zich op de bodem van een meer of vijver vormt, en niet aan de bovenkant. Waarom is het toch niet zo?
Water heeft zijn maximale dichtheid op vier graden Celsius en dat is de sleutel tot dit geheim.
Als water afkoelt wordt het dichter. Het krimpt en zinkt naar de bodem van het meer, de vijver, regenton, kruiwagen of waterbak van de hond. Maar op vier graden Celsius, een paar graden boven het vriespunt, heeft water zijn maximale dichtheid. Als het nog kouder wordt, zet het weer uit. Water tussen de vier en nul graden Celsius (het vriespunt van water) begint weer naar de oppervlakte te stijgen. Het is lichter, want het is minder dicht.
De volgende stap is dat het water rond het vriespunt meer warmte moet afstaan om ijs te kunnen vormen. Dat heet fusiewarmte. Tijdens het bevriezen vormen zich ijskristallen die steeds groter worden en tijdens dat uitzetten samengaan, fuseren. Om tot één harde ijslaag te worden is nog meer water van nul graden nodig. De ijskristallen zijn veel lichter en blijven aan het oppervlak.
Als het hele oppervlak is bevroren, trekt de warmte uit de zijkant weg en zet het vriesproces zich voort vanaf de zijkanten. Als ook het middelpunt eenmaal dichtgevroren is, wordt er door de uitzetting een enorme druk uitgeoefend, waardoor de zijkanten van het ijsoppervlak of de bak waarin het ijs zit, bezwijken. Dit is ook de oorzaak van die vervelende gesprongen waterleidingen.
Als de bovenste laag van een meer of vijver is dichtgevroren zal het water eronder zelden nog nul graden koud worden. Het ijs werkt als een isolatielaag. Doordat het ijs de temperatuur van het water eronder tussen de nul en vier graden Celsius houdt, kunnen sommige waterdieren de winter overleven.
Het merkwaardigste van deze ijzige (on)wetenswaardigheid is dat water, omdat het op vier graden Celsius zijn maximale dichtheid heeft, bij een verandering van die temperatuur altijd uitzet, of het nu warmer of kouder wordt.

WAT gebeurt er met de vele kopieën van een speelfilm nadat deze uit de bioscopen is verdwenen?

In de Verenigde Staten hangt de manier waarop een film wordt uitgebracht sterk af van het soort film. Een film die vooral bij de critici in de smaak valt - in Amerika meestal een Europese film of een film zonder sterren - wordt waarschijnlijk exclusief voorvertoond in mediacentra als New York City en Los Angeles. De distributeur van de film hoopt dat de mond-tot-mondreclame en de goede kritieken de belangstelling zullen aanwakkeren waardoor de film in die steden in meer bioscopen kan draaien en daarna in het hele land kan worden uitgebracht. In Nederland is de 'Europese' film *Delicatesse* daar een mooi voorbeeld van: eerst een kennerstip in Amsterdam, daarna - zij het bescheiden - overal te zien in het land.

Films met een duidelijk concept zoals komedies en actiefilms (die zich door hun overzichtelijke plot makkelijk voor de tv-reclames lenen) en films met grote sterren in de hoofdrollen worden meestal groots uitgebracht. Ook in ons land komt dat steeds vaker voor; films als *Flodder* of *De Kleine Blonde Dood* zijn in dezelfde week in het hele land te zien. Door in Amerika de film tegelijkertijd in 1000 of 2000 bioscopen uit te brengen, kunnen de filmmaatschappijen de afgrijselijk hoge kosten van het landelijk adverteren afschrijven. Hoewel de kosten van het maken van 2000 kopieën in het niet vallen bij die van de marketing, is het toch nog een aanzienlijk bedrag.

Een doodgewone horrorfilm van een grote maatschappij zal bijvoorbeeld tegelijkertijd in 1500 bioscopen worden uitgebracht. Het gewone patroon is dat zo'n film de eerste week veel geld binnenbrengt en vervolgens vrij snel geen toeschouwers meer trekt. Een horrorfilm zonder goede mond-tot-mondreclame kan binnen vier weken uit de bioscopen zijn. De maatschappijen brengen de film uiteraard binnen een jaar op video uit, maar wat doen ze vervolgens met die 1500 kopieën? Allereerst worden de kopieën over de rest van de wereld verspreid. De meeste Amerikaanse films

worden in het buitenland uitgebracht nadat ze in Amerika uit de bioscopen verdwenen zijn. Maar op een gegeven moment komen die kopieën weer terug.
En dan worden ze vernietigd en wordt het zilver uit de films gehaald en verkocht aan handelaren in edelmetalen. De filmmaatschappijen kunnen weinig meer doen met 1500 krasserige kopieën.
Het grote Columbia Pictures bewaart twintig tot dertig kopieën van hun huidige films voor onbepaalde tijd. De filmmaatschappijen zijn zich pijnlijk bewust van het feit dat er te veel films uit het begin van deze eeuw door onachtzaamheid verloren zijn gegaan. Sommige zijn in kwaliteit achteruit gegaan, maar andere zijn er niet meer, eenvoudigweg omdat niemand de moeite heeft genomen een kopie te bewaren. Met zoveel andere media als tegenwoordig, zoals de videoband, de beeldplaat, de kabeltelevisie en abonneetelevisie als *Filmnet*, is het hoogst onwaarschijnlijk dat films in hun geheel kwijt zullen raken (hoewel we wel een paar films kunnen bedenken die van ons van de aardbodem mogen verdwijnen).
Maar het probleem dat ze in kwaliteit achteruitgaan blijft bestaan.

WAAROM wordt balsahout onder het hardhout gerangschikt terwijl het zacht is? WAT is het verschil tussen zachthout en hardhout?

Het zal wel naïef van ons zijn, maar we gingen ervan uit dat het belangrijkste verschil tussen zacht- en hardhout was dat hardhout harder was dan zachthout. Dom, dom, dom!
Weten we het dan nog niet? Het leven is niet rechtvaardig, de taal is niet logisch!
Maar goed. Het blijkt dat het verschil tussen de twee houtsoorten ligt in de manier waarop hun zaden worden gevormd. Zachthoutsoorten - denne-, sparre- en vurehout - zijn naaktzadige planten, gymnospermen, planten die zaden zonder bedekking voortbrengen. Als je van een denneappel de middelste bladen van de steel trekt, zie je de zaadjes naast elkaar liggen. Hun enige bedekking is de houten denneappel.

Hardhoutsoorten zijn bedektzadige planten, angiospermen, raszuivere bloesemplanten waarvan de zaden in peulen, vruchten of bolsters zitten opgesloten (bijvoorbeeld olijven, lelies, walnoten). Een ander verschil is dat een hardhout-boom in een gematigd klimaat vaak zijn bladeren verliest, terwijl zachthoutsoorten groenblijvende bomen zijn; maar in een tropisch klimaat behoudt ook veel hardhout zijn bladerpracht. Het is wél waar dat zachthout vaak zachter van samenstelling is (en daardoor voor commercieel gebruik makkelijker te verwerken) en hardhout compacter en daardoor steviger van structuur. Maar dat is géén betrouwbare vuistregel om het onderscheid te kunnen maken. Balsahout is met een soortelijk gewicht van 0,16 het lichtste geregistreerde hout, pokhout met een soortelijk gewicht van 1,05 het zwaarste. Beide zijn hardhoutsoorten.

WAAROM kraaien hanen 's ochtends?

Omdat juist dan mensen wakker gemaakt worden natuurlijk. Er is toch niemand die gelooft dat hanen kraaien als ze alleen zijn? Kom nou! Eigenlijk spreken ze perfect Nederlands.

Ornithologen accepteren ons op het gezonde verstand gebaseerde antwoord niet. Ze blijven erbij dat hanen die kraaien zo 'hun territorium afbakenen' (een eufemisme voor 'Donder op en laat mijn vrouwen met rust; dit is mijn kippenhok'). Omdat we iedereen een eerlijke kans gunnen, krijgt een van die vervelende vogelkenners het laatste woord (ook al geloven we niets van dit verhaal): 'Vogels zingen en kraaien 's ochtends het vaakst, omdat ze dan het actiefst zijn en hun territoriale waarschuwingssignalen uitzenden. De vogelgeluiden die je de rest van de dag kunt horen zijn meestal voor een andere vorm van communicatie bedoeld, zoals de verzamelroepen, die dienen om de leden van een troep bij elkaar te houden of om contact te onderhouden als ze elkaar niet meer kunnen zien.'

Waarom hebben we oorlelletjes?

WAAROM hebben we oorlelletjes?
Onze deskundigen waren het volledig met elkaar eens: oorlelletjes hebben een functie. Je kunt er heel goed oorbellen aan hangen.
Echte theorieën over de functie bestaan er uiteraard ook. Eentje gaat ervan uit dat toen onze voorgangers nog op vier poten liepen, de oorlelletjes groter waren en naar binnen vielen om de gehoorgang te beschermen. Een andere, antropologische theorie stelt dat het lelletje diende als een nieuwsgierigheid opwekkende versiering bij de seksuele keuze.
Medische deskundigen die we vragen stellen over zulke ogenschijnlijk nutteloze lichaamsdelen, maken zich niet al te druk over dit soort kwesties. Ze kunnen heel goed leven met de wetenschap dat niet ieder orgaan in ons lichaam van belang is voor ons welzijn en dat niet ieder lichaamsdeel dat in onbruik is geraakt meteen verdwijnt.
In feite is het tegendeel eerder waar. Lichaamsdelen uit eerdere fasen van de ontwikkeling van de mens blijven aanwezig totdat ze duidelijk schadelijk worden. De natuur is geneigd de genetische informatie te bewaren tenzij een bepaald lichaamsdeel niet overleeft. In zeker opzicht is ons lichaam een museum waarin onze evolutionaire nalatenschap wordt bewaard.

WAARDOOR wordt boter in de ijskast harder en donkerder van kleur nadat het pakje is geopend?
Boter verandert om dezelfde reden van kleur als appels en bananen: oxydatie. En hoewel boter geen schil heeft als bescherming tegen de verwoestende werking van de buitenlucht, is ze wel verpakt. De boter wordt pas donkerder nadat de verpakking is verwijderd of opengemaakt.
Maar waarom wordt boter harder? Door de koude lucht in de ijskast verdampt het vocht in de boter. Ook andere voedselsoorten als pindakaas en dipsaus worden in een ijskast minder smeuïg als gevolg van de vochtverdamping.

WAAROM zijn gloeilampen van 25 watt duurder dan die van 40, 60, 75 en 100 watt?

Door de eeuwige wet van vraag en aanbod. Niet alle waar is naar zijn geld. Gloeilampen met een hoger wattage worden in grote hoeveelheden geproduceerd omdat er veel vraag naar is. Het lampje van 25 watt wordt maar in beperkte mate gebruikt, zodat er minder van worden gemaakt en het financiële voordeel van de massaproduktie wegvalt.

Omdat de lamp traag verkoopt en langer op de schappen blijft liggen, moet de winstmarge hoger zijn om het voor de winkelier de moeite waard te maken hem in voorraad te houden. Twee factoren die tot een hogere verkoopprijs leiden.

WAAROM is een watertoren zo hoog?

Op onze fietstochtjes hebben we heel wat dorpen en stadjes gezien waarin de watertoren door zijn imposante hoogte het gezichtsbepalende gebouw is. Waarom zijn ze zo hoog?

Voor een waterdistributiesysteem is er voldoende water nodig om aan de gewone consumptie en de noodconsumptie (bij een grote brand bijvoorbeeld) te voldoen, en voldoende druk om de huishoudelijke en industriële waterhuishouding in werking te stellen.

Door zijn volume biedt de toren een bekken dat aan de waterbehoefte tijdens de piekuren kan voldoen, meestal 's ochtends en rond etenstijd, en in tijden van minder vraag andere soorten waterbekkens de gelegenheid geeft zich aan te vullen. Zo'n voorziening moet dus groot genoeg zijn om aan de waterbehoefte te voldoen als er een grote brand uitbreekt tijdens de piekuren. Maar dit verklaart niet waarom de toren zo hoog moet zijn.

De behoefte aan waterdruk wel. Daar zorgt de hoogte van de toren voor. Water zoekt zijn eigen niveau. Als je bijvoorbeeld een tuinslang met water vult en de uiteinden op precies dezelfde hoogte houdt, stroomt er geen water uit. Maar als je een van die uiteinden optilt, gutst het water er aan de andere kant uit. Hoe meer water – en dus hoe meer gewicht – er boven dat lagere

uiteinde zit, hoe harder het water eruit stroomt. De functie van de watertoren is een verhoogd watergewicht te bieden dat voldoende druk uitoefent op alle leidingen in het watersysteem.
Het alternatief voor de watertoren is het water met elektrische pompen uit het bekken pompen, maar dat is een ondoelmatige techniek. Telkens als iemand water wil, moet de pomp in werking worden gesteld.
Een watertoren mag dan primitiever zijn dan een elektrische pomp, maar met de nodige voorzorgsmaatregelen functioneert hij naar behoren. Om overal in een gemeente voor voldoende druk te zorgen, moet de watertoren hoger zijn dan alle kranen in die gemeente, en hoog genoeg om brandkranen zo'n druk te geven dat er met het water een brand bestreden kan worden. In sommige steden zijn de gebouwen te hoog om via een watertoren de juiste waterdruk op te wekken en wordt er gebruik gemaakt van hulppompen en een watertank bovenop het gebouw. In grote steden als New York staan er voor de hoge gebouwen standpijpen om ervoor te zorgen dat het water bij de bovenste verdieping van het gebouw komt.
De waterdruk moet zorgvuldig worden gecontroleerd. Een te lage druk is gevaarlijk bij een ernstige brand en geeft klachten van mensen die tijdens het douchen van een stevige straal houden. Door te hoge druk slijten de ventielen en pakkingen sneller en krijg je overmatige lekkage. Steden in een heuvelachtig gebied - zoals bijvoorbeeld in Frankrijk - zetten vaak lage watertanks op de hoogste heuvel en installeren drukregelaars om de druk in de valleien te verminderen. Steden zonder heuvels compenseren dat gemis door een kunstmatige heuvel te bouwen, een watertoren, die hoger is dan het hoogste gebouw (op de kerk na misschien).
Watertorens zijn dus niet zo hoog om de stad een spectaculair aanzicht te geven. Uiteindelijk bespaart het hoge gebouw geld en energie. Wat dat laatste betreft is zelfs de watertoren niet volmaakt. Want zoals altijd gaat alleen de zon voor niets op: om het water in het reservoir in de toren omhoog te pompen is elektriciteit nodig.

WAAROM zijn de pitjes van de ene watermeloen zwart en van de andere wit?
De meeste mensen denken waarschijnlijk dat alle watermeloenen zwarte en witte pitjes hebben. Hoog tijd om je bewustzijn te verruimen dus.
De verschillende soorten watermeloenen hebben ook een heleboel verschillend gekleurde pitjes. De kleur van een volgroeid pitje kan afhankelijk van het soort meloen variëren van bijna wit tot zwart. De watermeloen-variëteit 'Kongo' heeft witte pitjes en de 'Jubilee' zwarte. Sommige watermeloenen hebben ook genen voor rode pitjes. De kleur van de pit in watermeloenen is genetisch bepaald, net als de kleur van de ogen van mensen.
Is een meloen met witte én zwarte pitjes dan gelijk aan een mens met een bruin en een blauw oog? Nou nee. Net als bruinogige kinderen vaak met blauwe ogen geboren zijn, eindigen witte pitjes als zwarte, tenzij er tijdens de bestuiving iets is misgegaan.

WAT is het doel van de gleuven die bij sommige stekkers aan de zijkant zitten?
Gezien de hoeveelheid post over dit onderwerp is deze (on)wetenswaardigheid voor velen een grote vraag.
De meeste elektriciens hoefden niet lang over het antwoord na te denken. De gleuven bij deze stekkers zitten er omdat ze passen op de veren die in sommige duurdere contactdozen zitten. De verbinding wordt er beter door en de stekker valt minder makkelijk uit het stopcontact.
Maar wat nog belangrijker is: de niet-geaarde stekker van bijvoorbeeld een boormachine kan zo aan een geaard stopcontact worden gekoppeld.

WAARDOOR stinkt een papierfabriek zo verschrikkelijk?
Je had het natuurlijk te druk met het dichtknijpen van je neus om de stank van rotte eieren te vermijden. Anders had je vast wel geweten dat niet de papierfabriek zo verschrikkelijk stinkt, maar de houtpulpfabriek.

Hoe veranderen fris ruikende bomen in goor stinkende houtpulp?
Papier is een dun blad van met elkaar verbonden houtvezels: holle strootjes van ongeveer een centimeter met spitse, gesloten uiteinden. In een boom worden houtvezels - die voornamelijk uit cellulose bestaan - bij elkaar gehouden en omsloten door een kleverige stof die lignine heet.
Om de afzonderlijke houtvezels te isoleren die voor de papierfabricage nodig zijn, worden houtschilfers behandeld met chemicaliën die alleen de lignine oplossen. Dit proces heet het verpulpen. Van de verschillende werkwijzen om van hout pulp te maken, veroorzaakt alleen het kraft-sulfaatproces de geur van doorgekookte kool die met pulpfabrieken wordt geassocieerd.
Bij deze werkwijze worden natriumhydroxyde ($NaOH$) en natriumsulfiet (Na_2S) gebruikt om de lignine op te lossen. Hoewel de chemicaliën door kringloop worden teruggewonnen en hergebruikt en de uitstoot aan gassen binnen de milieuwetten blijft, ontsnappen er toch kleine hoeveelheden zwavel in de lucht.
Helaas - en dat geldt dan vooral voor mensen die in een stad met een pulpfabriek wonen - hoef je geen hondeneus te hebben om de lucht van zwavel op te sporen. De stank kan je onmogelijk ontgaan.
Mocht een papierfabrikant van plan zijn bij jou in de buurt te bouwen, wordt dan pas wanhopig nadat je een paar feiten hebt uitgezocht. Niet alle papierfabrieken maken zelf hun houtpulp; de meeste betrekken het van een andere fabriek. En niet voor alle manieren van papierfabricage is zwavel nodig. De stinkende dader is het procédé voor het maken van kraftpapier. Van kraftpapier wordt bruin pakpapier en golfkarton gemaakt. Als je met andere methoden voor een redelijke prijs net zulk stevig papier als kraftpapier zou kunnen maken, waarom zouden de fabrieken dat dan niet doen? Zelfs het management van een papierbedrijf is gedwongen die stank op te snuiven!
Misschien lijkt het of we op de pulpfabrieken zitten te

vitten, en daarom hier als tegenwicht wat feitjes in het voordeel van de papierfabrikanten:

1. Zonder houtpulp kun je geen papier maken. Zo'n 80 procent van een vel papier bestaat uit houtpulp.

2. Door moderne zuiveringstechnieken is het stankprobleem aanzienlijk afgezwakt. De fabrikanten houden zich streng aan de milieu-eisen. De zwavelstank is eerder afschuwelijk dan gevaarlijk.

3. Naast houtpulpfabrieken zijn er veel andere zaken die stank produceren. De uitlaatgassen van een auto met katalysator stinken vaak net zo erg als een minihoutpulpfabriek. En heb je 's zomers wel eens de groene bio-bak opengedaan? En de uitdrukking dat iets naar rotte eieren stinkt, is natuurlijk bedacht door iemand die rotte eieren had geroken en niet door iemand die langs een houtpulpfabriek wandelde.

HOE worden katteogen in de weg vastgezet, zodat ze niet worden stukgereden of van plaats veranderen?
De meesten van ons hebben wel eens per ongeluk over een katteoog gereden. Dat bultje komt telkens weer onverwacht. Hebben we de reflector geraakt? Is hij kapot? En onze banden?
Maak je maar niet te veel zorgen over de reflectoren, het is hoogst onwaarschijnlijk dat ze door jouw toedoen zijn losgeraakt. Ze worden met een tweecomponentenlijm aan het wegdek vastgeplakt.
De duurzaamheid van de reflector wordt verlengd doordat hij in het wegdek is verzonken en doordat hij de vorm heeft van een aan twee kanten aflopende helling. Op die manier wordt voorkomen dat men hem stukrijdt. Als je heel goed kijkt, zie je een aflopende sleuf van ongeveer dertig centimeter in het plaveisel lopen. Daarin wordt de reflector evenwijdig aan het wegdek geplakt. Nou ja, niet helemaal evenwijdig, en met reden. De reflectoren steken iets uit zodat ze het licht van de koplampen kunnen vangen. Door het uit-

steken worden ze toch beschadigd door auto's die erover heen rijden. Reflectoren vergen daarom veel onderhoud.
Wat je banden betreft, die hebben nergens last van, zelfs als je twintig reflectoren achter elkaar in het midden van de weg raakt. Maar het beste kun je binnen je eigen rijbaan blijven, anders lopen niet alleen je banden gevaar.

WAAROM moet de accu van een auto zo zwaar zijn? En WAAROM kunnen ze niet kleiner worden gemaakt?

Een automobilist wil uiteraard liever een accu met de omvang van een batterij. Als hij dan thuiskomt, haalt hij de accu uit zijn handschoenenvakje en laadt hem binnen op.
Ook de autofabrikanten willen kleinere accu's. Alle zware materialen - of het nu het staal in de carrosserie is, of de motor en de cilinders - verhogen het benzineverbruik per kilometer.
De accufabrikanten zijn daarop ingesprongen. In sommige gevallen zijn de accu's twee keer zo klein als twintig jaar geleden. Maar helaas, verheug je er maar niet op dat er binnen afzienbare tijd accu's zullen komen ter grootte van een zaklantaarnbatterij. Loodplaten met een hoge dichtheid vormen het belangrijkste onderdeel van een accu. Voor het lood is nog geen vervanging ontdekt die het werk aankan of het noodzakelijke voltage kan opwekken.
Hoe groter het oppervlak van het lood in de accu, hoe makkelijker hij energie kan opwekken. Volgens deskundigen hebben we al een prijs voor het kleiner maken van de accu's moeten betalen: moderne accu's zijn beter bij een koude start, maar onder druk gaan ze minder lang mee.
Hoe dunner de platen in de batterij, hoe minder materiaal er hoeft te worden gebruikt. Maar hoe zwaarder het materiaal, hoe krachtiger de accu's zijn en hoe langer ze meegaan. Als je dunnere platen gebruikt, vermindert dat het aantal ampère-uren. Als er zwaarder materiaal wordt gebruikt - zoals in de scheepvaart en

bij industriële toepassingen – is de levensduur veel langer en staan de platen veel minder bloot aan de elementen, waardoor er een geringere kans is dat de platen onder het zware werk bezwijken of dat het werkzame materiaal van de positieve roosterplaat valt. Heel kleine accu's verdienen waarschijnlijk de voorkeur maar zijn minder goed bestand tegen misbruik of verwaarlozing. Scheepsaccu's kunnen platen van zo'n 3 millimeter dik hebben, terwijl de platen in sommige auto-accu's ongeveer 0,1 millimeter dik zijn.
De auto-accu is dus een van de weinige apparaten waar we het lood juist liever niet uit halen.

Water bestaat uit twee delen waterstof en één deel zuurstof. WAAROM kunnen we droogte niet bestrijden door deze twee, veel voorkomende, elementen samen te voegen om zo water te maken?
We kùnnen water maken door waterstof en zuurstof samen te voegen, maar dat kost heel veel geld en is in sommige gevallen slecht voor het milieu.
De meeste methoden om water te maken zijn vooral onpraktisch omdat je buitengewoon grote hoeveelheden zuurstof en waterstof nodig hebt om maar een klein beetje water te kunnen maken en bovendien is het duur om de twee stoffen in die hoeveelheid bijeen te krijgen.
Daarnaast heb je uiteraard de loon- en installatiekosten voor zo'n 'waterfabriek' nog.
Water kun je ook winnen als een bijprodukt van brandend metaangas in een atmosfeer van zuurstof. Maar ook die methode is een gigantische energieverspilling. Metaangas is een geweldige brandstof die beter alleen als zodanig gebruikt kan worden, in plaats van onze voorraad aan te wenden om water te maken. Dat zou in wezen net zoiets zijn als het voor een dubbeltje briefjes van tien als papieren zakdoekjes verkopen.
De beste oplossing op lange termijn voor het droogteprobleem is waarschijnlijk ontzilting. We hebben alle technologie om zeewater in drinkwater om te zetten, maar de toepassing ervan is momenteel nog te duur

om commercieel haalbaar te zijn (op relatief kleine schaal wordt de ontziltingsmethode wel toegepast, op de Canarische Eilanden bijvoorbeeld). Pas als we water gaan zien als een waardevolle en beperkte natuurlijke hulpbron, zoals we nu met olie of goud doen, kan de ontzilting op grote schaal worden doorgezet. In Noord-Afrika is het nog lang niet vanzelfsprekend dat er water voorradig is voor de landbouw, de veeteelt of voor de mensen zelf.

WAARDOOR krijg je zo'n rare hoge stem als je helium inslikt?

Het hedendaagse equivalent van de dronken feestganger die met zijn kunstgebit in de hand het alfabet verkeerd opzegt, is het inslikken van helium en vervolgens piepen als een eekhoorntje dat te veel koffie opheeft. Toen we de onverstoorbare Michael Kuzak uit *L.A. Law* deze grap zagen uithalen, werd er van ons verwacht dat we zijn kwajongensachtige gedrag en loltrapperij leuk zouden vinden. Zijn act kon ons niet overtuigen.

Maar goed, veel lezers wilden het antwoord op deze vraag weten en daarom raadpleegden we verschillende scheikundigen en fysici. Ze waren het roerend met elkaar eens.

Geluid is de zintuiglijke gewaarwording die ontstaat als de gehoororganen geprikkeld raken door trillingen die door de lucht of een andere geleider worden overgebracht. Geluid met een lage frequentie wordt als een lage toon gehoord; hoe hoger de frequentie, hoe hoger de toon. De frequentie (toonhoogte) van het geluid is afhankelijk van de dichtheid van het medium dat de trillingen overbrengt. Hoe minder dicht het medium is, hoe groter het aantal (de frequentie) trillingen en dus hoe hoger de toon.

De dichtheid van gas is precies gelijk aan het molecuulgewicht. Omdat de dichtheid van helium (m.g. 4) veel minder is dan die van lucht (een mengeling van ongeveer 78 procent stikstof [m.g. 28] en ongeveer 20 procent zuurstof [m.g. 32]) trillen de stembanden in helium veel sneller (met een hogere frequentie) dan in de

lucht en wordt de stem als op een hogere toonhoogte waargenomen.
Dit effect wordt sneller bij mannenstemmen waargenomen die lager van toon zijn dan bij vrouwenstemmen. De toonhoogte van de stem kan ook worden verlaagd: door een ander lid van de edelgas-familie (waartoe helium behoort) in te ademen dat zwaarder dan de lucht is, xenon bijvoorbeeld, dat een molecuulgewicht van 131,29 heeft.
Heliummengsels worden gebruikt om astma en andere kwalen aan de luchtwegen te behandelen. Patiënten met ademhalingsproblemen kunnen een heliummengsel makkelijker dan gewone lucht verwerken, terwijl de longspieren niet zo hard hoeven te werken als bij het inhaleren van eenzelfde hoeveelheid zuurstof.

WAAROM is de waldhoorn speciaal voor linkshandigen ontworpen?

We hopen niet dat deze (on)wetenswaardigheid aan ons voorgelegd is door een linkshandige die het instrument is gaan bespelen omdat hij dacht dat er eindelijk een instrument bestond dat speciaal voor hem was ontworpen. Want dan wacht hem nu een heel koude douche.
Als we iets hebben geleerd in de jaren dat we ons moeizaam tussen de mijnenvelden van de (on)wetenswaardigheden door hebben gelaveerd, is dat er *niets* uitsluitend voor linkshandigen is ontworpen, behalve dan produkten die als tegenhanger van een rechtshandig gebruiksvoorwerp speciaal voor linkshandigen zijn gemaakt en meer dan twee keer zo duur zijn.
Voor het geval de vraag verwarring zaait: de waldhoorn is een koperen blaasinstrument met een bochtige buis. Hij ziet er een beetje uit als een koperen ring met loodgieterswerk in het midden en een uitlopende beker eraan. De bespeler stopt zijn of haar rechterhand in de beker en bespeelt de ventielen met de linkerhand.
De hamvraag is: waarom niet andersom, waarom wordt het ingewikkelde vingerwerk niet met de rechterhand gedaan?

Waarschijnlijk heb je de oplossing al zelf bedacht: oorspronkelijk had het instrument geen ventielen.
In het tijdvak 1750-1840 hadden hoorns geen ventielen, waardoor de speeltechniek totaal van de onze verschilde. De instrumenten hadden verwisselbare beugels die de hoorn de juiste toonsoort voor de te spelen muziek gaven, en de noten die buiten de natuurlijke harmonieën lagen werden gehaald door de hand hoger of lager in de beker van de hoorn te stoppen.
Dat werd met de rechterhand gedaan, waarschijnlijk omdat de meeste mensen rechtshandig zijn.
Volgens een andere theorie waren de eerste jachthoorns zo ontworpen dat ze zittend op een paard konden worden bespeeld. De ruiter hield het instrument met zijn linkerhand vast omdat hij de rechter voor de teugels nodig had.
Zelfs toen de ventielen aan het instrument werden toegevoegd, bleef men de stoptechniek nog grotendeels gebruiken en daarom werden de ventielen aan de kant van de linkerhand aangebracht.
Bij de moderne waldhoorn is de stoptechniek niet langer nodig. Maar er zijn zoveel generaties opgegroeid met de oude opstelling dat de positie van de handen daarom hetzelfde is gebleven. Koning Traagheid kraait weer eens victorie, ondanks het feit dat rechtshandigen de ventielen beter met hun rechterhand kunnen bespelen. Maar het is voor een keertje wel zo eerlijk. Linkshandigen moeten zich al eeuwen aan instrumenten voor rechtshandigen aanpassen.

WAAROM staat er op een pak melk aan welke kant je het moet openmaken? Het pak ziet er links en rechts toch precies hetzelfde uit?
Melkpakken zijn toch al zo moeilijk open te krijgen. Maar ze zijn uitzonderlijk goedkoop te fabriceren en omdat niemand hard genoeg klaagt, is geen enkele melkfabrikant van plan deze verpakking te vervangen. Maar het pak verbergt nog een verbazingwekkend raadsel: de bovenkant van het pak is zo symmetrisch van vorm, dat het *lijkt* alsof het niets uitmaakt aan welke kant je de tuit maakt.

Dat lijkt zo, maar het maakt wèl uit. Melkfabrikanten kopen het karton voor de melkpakken ongevormd. In de fabriek waarin de melk wordt verpakt, vormen machines het ons zo vertrouwde kartonnen pak, sluiten de bodem af, vullen de pakken met melk en maken vervolgens de bovenkant dicht. De machine is zo afgesteld dat maar één kant van de schuine bovenkant (de 'openen'-kant) weer te openen is; als je aan die kant trekt, vormt zich de tuit en gaat het pak open. Als je aan de andere kant trekt en die daarna probeert open te duwen, gebeurt er niets. Die kant blijft dicht, tenzij je hem openscheurt. Waarom? De tuitkant is met een makkelijk loslatende kleefstof dichtgemaakt en de andere kant met een gewone lijm.

WAARDOOR word je warm als je bloost?

We blozen omdat de bloedvaten in de huid zich uitzetten. Er stroomt daardoor meer bloed naar de oppervlakte van het lichaam dat op die plaats rood wordt. Blozen wordt meestal door een emotionele reactie als bijvoorbeeld verlegenheid veroorzaakt (zo blozen *wíj* vaak na het lezen van een passage uit onze boeken). We associëren blozen vaak met een rood gezicht, maar het bloed wordt ook naar de hals en de bovenkant van de romp gestuurd.
Met de bloedstroom wordt lichaamswarmte van binnenuit naar de huid vervoerd, waar deze door de zenuwreceptoren wordt waargenomen. De receptoren geven de informatie over de toegenomen warmte door aan de hersenen. Door het contact tussen de receptoren en de hersenen voelen we de warmte op precies de plaatsen waar onze huid rood wordt.

Als je op een breuk wordt onderzocht, WAAROM moet je dan van de dokter je hoofd omdraaien en kuchen? WAAROM juist kuchen? Is dat hoofdomdraaien noodzakelijk?

Hoewel de dokter je dezelfde vraag kan stellen als hij naar je longen luistert, kan je het 'Draai je hoofd om en kuch eens' altijd horen als een arts een zwakke plek of breuk probeert te ontdekken in wat een stevige lichaamswand moet zijn. Deze breuken worden meestal in de liesstreek van mannen gevonden, daar waar het kanaal dat de afzonderlijke testikel met de organen binnen het lichaam verbindt, door de buikwand loopt. Bij sommige mannen is de al tamelijk grote breuk aangeboren. Het gevaar bestaat dat door herhaaldelijke toename van de druk binnen de onderbuik - door regelmatig en chronisch hoesten en het tillen van zware voorwerpen bijvoorbeeld - de ingewanden door de breuk worden geduwd. Een niet al te grote opening wordt zo uitgerekt tot een grotere en dat kan er uiteindelijk toe leiden dat een stuk ingewand constant door de breuk naar buiten puilt.

Liesbreuken zijn duidelijk te zien en kunnen tot misvormingen leiden als ze groot zijn en veel ingewand bevatten, zoals vetkussentjes of darmlissen. Maar een breuk is gevaarlijker wanneer hij klein is, want een darmlis raakt beklemd en blokkeert als ze in een kleine breuk komt vast te zitten, terwijl bij een grote breuk de darmlis ongehinderd de breukzak in en uit kan gaan zonder beklemd of verwrongen te raken.

Daarom zijn artsen erop gespitst een liesbreuk te ontdekken als hij nog klein is, en dat is precies de toestand waarin hij voor de patiënt nog niet duidelijk te zien is. Een kleine liesbreuk puilt waarschijnlijk helemaal niet uit als de druk in de buik normaal is. De meeste kleine breuken worden niet ontdekt tenzij de patiënt de druk in de buik vergroot en daardoor de breukzak naar buiten duwt. De arts kan hem dan voelen door met zijn vinger het scrotum op te duwen.

De snelste en meest eenvoudige manier voor de patiënt om de druk in de buik te vergroten is kuchen, omdat kuchen het middenrif opduwt, de longen samenknijpt en langs de stembanden lucht naar buiten stuwt. Daardoor trekken alle buikspieren samen en wordt dankzij het kuchen de noodzakelijke druk vergroot.

Als de arts bij het kuchen geen zwelling onder zijn onderzoekende vinger kan voelen, neemt hij aan dat de patiënt geen breuk heeft.

Maar waarom moet je het hoofd omdraaien als je

kucht? Omdat de patiënt dan niet al die bacillen over de dokter uithoest.

WAAROM staat de R, het registratieteken van de merknaam van Pepsi, achter de tweede 'p' in 'Pepsi' en niet achter de woorden 'Pepsi' of 'Cola'?

Volgens Pepsi-Cola mag het bedrijf de R wettelijk gesproken overal zetten waar het wil. Maar ze wilden het teken liever bij het woord Pepsi kwijt dan bij Cola. Pepsi schijnt een grote concurrent te hebben - de naam is me even ontschoten - en daarom proberen ze de aandacht op de naam Pepsi te richten. Daarnaast vonden de grafisch ontwerpers dat de R na de tweede 'p' mooier stond dan na de 'i' van Pepsi: het ontwerp werd er symmetrischer door en de R botste zo niet met het koppelteken na Pepsi.

WAAROM moet je bij veel krante- en tijdschriftartikelen eerst een aantal pagina's overslaan voordat je het vervolg kunt lezen?

Een veelgehoorde klacht. Ben je een interessant artikel aan het lezen, moet je ineens op zoek naar het vervolg. We dachten altijd dat het doel van het overslaan van de pagina's was je te dwingen naar het einde van de krant of het tijdschrift te gaan, zodat ook de minder gelezen pagina's voor de adverteerders interessant worden. Maar uit gesprekken met tijdschrift- en krantenuitgevers blijkt dat andere factoren van nog groter belang zijn.

De voorpagina van een krant is van cruciaal belang voor de losse verkoop. De redactie wil dat de lezer als hij de krantekoppen doorneemt, enigszins weet welke artikelen die dag echt belangrijk zijn. Als de artikelen niet halverwege worden onderbroken, moeten ze drastisch worden ingekort of kunnen er aanzienlijk minder verhalen op de voorpagina.

Minder voor de hand liggend is dat tijdschriftredacties een duidelijk afgebakend katern willen hebben. Want hoe gaat het in de praktijk? De meeste tijdschriften zijn gevuld met advertenties, terwijl - met uitzondering

misschien van mode- of hobbybladen - de lezers gewoonlijk veel meer in de artikelen zijn geïnteresseerd. Tijdschriftredacties willen hun belangrijkste onderwerpen in één katern concentreren om in ieder geval de indruk te wekken dat het tijdschrift er voor de artikelen is en niet als doorgeefluik voor advertenties.
Soms is het onderbreken van een artikel noodzakelijk. Een artikel waarvan de redacteur het idee heeft dat het te lang is om helemaal in het belangrijkste katern te worden opgenomen, zal gedeeltelijk naar achteren worden geschoven. De redacteur kan dan een ander belangrijk onderwerp aan het 'nieuws'-katern toevoegen. Uitgevers doen wel hun uiterste best dit soort 'sprongen' te vermijden.
Helemaal vervelend is als het artikel in meer dan twee delen moet worden opgesplitst. In plaats van het artikel na de eerste onderbreking uit te kunnen lezen, moet de lezer nogmaals een aantal pagina's overslaan. Deze springerige tekstopmaak is voor lezers bijna niet te pruimen.
Er is nog een reden waarom in tijdschriften de artikelen vaker worden onderbroken dan in dagbladen: de kleurendruk. De meeste tijdschriften worden niet helemaal in vier of twee kleuren gedrukt. De redactie wil vaak de mooiste foto's of onderwerpen in het katern met de kleurendruk hebben. Om zoveel mogelijk artikelen in dat katern te kunnen zetten, kiest de eindredactie er soms voor het resterende deel van het verhaal door te schuiven naar de katernen die in zwart-wit zijn gedrukt.
Maar de advertenties spelen uiteraard ook een rol bij het afbreken van artikelen, en heus geen kleine. Bij de meeste periodieken kan de klant ongeveer ieder formaat advertentie kopen dat hij wil. Als een adverteerder een afwijkend formaat wil dat niet met andere advertenties tot één geheel kan worden gecomponeerd, moet de pagina redactioneel worden opgevuld. Het is stukken makkelijker om de gaten op die pagina's met de restjes van in stukken geknipte artikelen te vullen dan daar een nieuw artikel te beginnen.

WAAR smaakt kauwgum naar?
In *Waarom krijgen we geen kippevel op ons gezicht?* beantwoordden we een hele reeks vragen over M&M's. Deze keer bleken onze lezers geïntrigeerd door een ander mondjevol: kauwgum!
De fabrikanten van kauwgum waren bepaald niet scheutig met het geven van informatie. 'Geen speciale smaak,' mompelde er een. 'Een vruchtensmaak... van alles wat,' probeerde een andere ons het bos in te sturen. Gelukkig wilde Bruce C. Wittmaier, familielid van de uitvinder van de kauwgum Walter Diemer, wel uit de school klappen. En hij had de kennis rechtstreeks van de bron zelf. De belangrijkste smaken van de oorspronkelijke kauwgum zijn: wintergroen, vanille en kaneel.

WAARDOOR kun je met bubbelgum beter bellen blazen dan met gewone kauwgum?
Alle kauwgums hebben als hoofdbestanddeel een gom en bestaan daarnaast uit een bepaalde suiker (in suikervrije kauwgum sorbitol), verzachters en smaakstoffen. Het geheim van een mooie bel is de juiste gom. Gom is het ingrediënt dat de kauwgum zijn 'kauw' geeft en de bubbelgum zijn 'bel'. Nog niet zo lang geleden bestond de gom meestal uit boomhars, maar tegenwoordig wordt polyvinylacetaat gebruikt, een kunsthars.
Om een mooie bel te kunnen blazen moet de gom sterk genoeg zijn om de druk van de tong en de vorming van luchtblaasjes te weerstaan, maar ook soepel genoeg om gelijkelijk uit te zetten als de bel groter wordt. De kunstmatige gom van bubbelgum bevat weekmakers en kan daardoor verder uitrekken dan gewone hars. Kinderen kunnen door de weekmakers bellen blazen die groot genoeg zijn om met één klap van hun kin tot hun ogen onder dat roze spul te zitten.

WAAROM zit er een wit poeder op plakjes kauwgum?
Dat is poedersuiker. Die wordt over de plakjes kauwgum gestrooid om te voorkomen dat tijdens de fabricage het ene plakje aan het andere vast komt te zitten.

Voor- en nadat de kauwgum in de juiste vorm is gesneden, wordt het in een magazijn in stapels opgeslagen. Het poedersuiker zorgt ervoor dat al die kauwgum niet aan elkaar vastplakt. Sommige merken hebben geen poedersuiker omdat hun kauwgum niet wordt opgestapeld.
De vlakke plakjes kauwgum bevatten minder water dan de gewone kauwgummetjes, maar nemen in natte omstandigheden vocht op. Door de poedersuiker kleeft de kauwgum tijdens warme, klamme dagen ook niet aan het papiertje eromheen.

WAAROM kun je bij sommige verrekijkers alleen de rechterlens bijstellen?
Militante linkshandigen bezweren ons dat we in een wereld van rechtshandigen leven. Dat gaat niet helemaal op als we het over verrekijkers hebben: dit is een van die zeldzame gevallen waarbij links eerder aan de beurt is dan rechts.
Verrekijkers kunnen op twee manieren worden scherp gesteld. De verrekijker waarbij je de lenzen apart scherp stelt, gebruikt voor iedere ooglens een dioptrische schaal met een stelschroef.
Maar deze (on)wetenswaardigheid gaat over verrekijkers met een centraal focussysteem dat door middel van een stelwieltje tussen de cilinders van de twee ooglenzen wordt ingesteld. Dit model heeft maar één dioptrische focus, meestal voor de rechterlens. Het stelwieltje wordt gebruikt om eerst de focus van het linkeroog scherp te krijgen. Daarna wordt de dioptrische focus gebruikt om het rechteroog goed in te stellen. Als het dioptrische verschil tussen de twee ogen zo is gecorrigeerd, worden met het stelwieltje de lenzen bijgesteld zodat beide ogen even duidelijke beelden te zien krijgen.
Er zijn ook verrekijkers met een aparte focus aan de linkerkant, maar om duistere redenen verkopen die niet zo goed.

WAAROM jeuken korstjes op wonden zo irritant?
Echt waar. Een korstje is niets meer dan gedroogd bloed en vezel dat een wondje afdekt. Maar het wondje jeukt wel.
Het jeukgevoel wordt door dezelfde zenuwbanen naar de hersenen gestuurd als pijnsignalen. Volgens de meeste medici is het zelfs zo dat jeuk een heel milde vorm van pijn is. Tijdens het genezingsproces raken enkele van de zenuwvezels die pijn en jeuk doorgeven geïrriteerd en ontstoken. Hierdoor ontstaat de pijn (de jeuk). Als de korstjes dieper zaten, zouden we de pijn duidelijker voelen.
Waardoor raken tijdens de genezingsperiode de zenuwvezels geïrriteerd? Wondjes herstellen zichzelf en worden kleiner, gedeeltelijk omdat de huid elastisch is, maar ook omdat het korstje de wond samentrekt.
Het komt minder vaak voor, maar jeuk kan ook worden veroorzaakt door infecties of kleine scheurtjes in het korstje terwijl het droogt. Sommige huidartsen behandelen wonden met natte verbanden, waardoor de wond kan genezen zonder dat zich een korstje vormt. Volgens hen hebben hun patiënten nog nooit over jeuk geklaagd.

WAAROM zitten er gaatjes aan de zijkant van een herenhoed? Ter versiering? Voor de ventilatie? Om veren op je hoed te kunnen zetten?
De geschiedkundigen zijn er duidelijk over: de gaatjes in de herenhoed zitten er louter en alleen voor de ventilatie. De fabrikanten waren het roerend met hen eens. Veren worden gewoonlijk tussen het lint gestoken en niet in de gaatjes. Aan het uiterlijk voegen de gaatjes niets toe.
Dit varkentje was dus snel gewassen en trots meldden we de vragensteller onze bevindingen. Maar zijn antwoord bracht ons danig in verlegenheid. Als de gaatjes er voor de ventilatie zitten, riposteerde hij, waarom bedekt de zweetband diezelfde gaatjes dan aan de binnenkant?
O jee...

WAAROM heeft de thuisplaat bij honkbal zo'n merkwaardige vorm?
Tot aan 1900 was de thuisplaat net zo vierkant als de andere honken. Maar in 1900 werd de huidige vijfkantige plaat ingevoerd om het voor de scheidsrechter eenvoudiger te maken te bepalen of een bal slag of wijd was gegooid. De scheidsrechters konden beter zien hoe de bal over de plaat ging als deze langer was. Volgens de meeste spelers heeft het allemaal niet veel geholpen.

WAAROM worden ziekenhuishemden aan de achterkant vastgemaakt?
Het is al erg genoeg in een ziekenhuis te moeten liggen. Waarom worden patiënten dan ook nog vernederd door ze zo te kleden dat iedereen hun blote achterste kan zien? Dit is een vorm van mode die alleen door een zieke geest kan zijn bedacht.
We begrijpen dat de hemden voor de ziekenhuisleiding niet de hoogste prioriteit hebben. Terecht wordt hun tijd voornamelijk opgeslokt door beslommeringen over het verplegend personeel, de onderzoeksbudgetten en de geneeskundige zorg. Maar nu men in ziekenhuizen eindelijk zover is eetbaar voedsel te willen opdienen, moet naar onze mening ook het probleem van het ziekenhuishemd met wortel en tak worden uitgeroeid.
Oorspronkelijk werd het gebruik van het hemd met de achtersluiting gerechtvaardigd met het argument dat deze sluiting het de verpleegsters mogelijk maakte de hemden van bedlegerige patiënten te vervangen zonder hen te veel te storen. Als het hemd van voren zou worden gesloten, moest de patiënt worden opgetild (of zichzelf omhoog werken) om het kledingstuk te verwijderen.
Gelukkig beginnen veel besturen in de gezondheidsindustrie te ontdekken dat er alternatieven voor het hemd met achtersluiting bestaan. Veters aan de zijkant bijvoorbeeld geven de patiënt een maximale bescherming tegen inkijk terwijl het hemd net zo makkelijk kan worden uitgedaan. En er zijn andere modellen in

de handel die tijdens medische handelingen het ongemak en de intieme blootstelling van de patiënt tot een minimum beperken. Je hebt bijvoorbeeld speciale hemden met 'infuus-mouwen'. Het hemd kan worden uitgedaan door de mouwen open te vouwen, waardoor het slangetje van het infuus niet uit de arm van de patiënt getrokken hoeft te worden als hij van hemd moet verwisselen. En bij de komst van pacemakers en hartbewakingsmonitoren zijn er 'telemetrie-zakken' in het midden van de hemden gezet. Deze zakken zijn aan de achterkant open waardoor de apparatuur bij het verkleden niet ontkoppeld hoeft te worden.

Sommige verpleegsters zeiden dat het bij hemden met achtersluiting makkelijker is een injectie te geven (in de bil natuurlijk). Maar de meeste patiënten dragen liever hun eigen pyjama en ook bij hen lukt het de verpleegsters toch altijd weer een spuit toe te dienen.

Zelfs als voor een bewusteloze patiënt een achtersluiting de beste oplossing is, dan nog zijn er zoveel verbeteringen in het model van het ziekenhuishemd aangebracht dat het nergens voor nodig is dat de patiënt zijn achterwerk aan zijn kamergenoten of willekeurige voorbijgangers moet tonen. Een hemd met achtersluiting zou geen probleem zijn als die sluiting maar goed sloot. Er zijn nu hemden met metalen of plastic haakjes en met klitteband. En - net zo belangrijk - er zijn hemden met een overslag aan de achterkant, zodat je het kledingstuk als een badjas kunt omslaan. Met zo'n overslag heb je in ieder geval de kans je achterste te bedekken als de sluiting loslaat.

Natuurlijk, deze verbeteringen kosten iets meer geld. Maar tegenwoordig kost een dag ziekenhuisopname meer dan het gemiddelde weekloon, dus wat maken die paar gulden uit? Want zeg nu zelf, hoe kun je mensen die herstellen van een operatie nu vragen door de ziekenhuisgangen te lopen als ze zich meer zorgen maken over gluurders dan over hun genezing?

WAT is het verschil tussen witte en bruine chocolade?
Een belangrijk verschil is dat witte chocolade niet lijkt te bestaan. We sloegen de Van Dale en Grote Koenen erop na, maar konden nergens een omschrijving vinden. Onze conclusie is dat witte chocolade kennelijk niet onder de chocoladesoorten valt.
In de praktijk is er slechts één verschil tussen witte en bruine chocolade: bruine chocolade bevat cacaopoeder. De cacaoboon waarvan chocolade wordt gemaakt, wordt tot cacaomassa vermalen en vervolgens onder hydraulische druk in cacaoboter en cacaopoeder opgesplitst. In de gewone 'bruine' chocolade wordt de cacaomassa met cacaoboter vermengd om het dat 'smelt op je tong'-karakter te geven. Bij 'witte' chocolade wordt de cacaoboter meestal met suiker vermengd. Cacaoboter is lichtgeel van kleur en daarom wordt de chocolade wit genoemd.

WAARDOOR zitten er soms groene plekjes op chips? En kan het kwaad zo'n chip te eten?
Een aardappel groeit normaliter onder de grond. Maar soms krijgt een pieper het hoog in de bol en steekt zijn kopje naar buiten. De natuur straft onmiddellijk door hem een lelijke zonnebrand te geven.
Maar waarom worden aardappels groen en niet rood? Nee, niet van jaloezie. Het groen is chlorofyl, bladgroen, het natuurlijke gevolg als een groeiende plant aan het licht wordt blootgesteld. De chipsfabrikanten proberen de groentjes te verwijderen. Ze bewaren de aardappels in donkere ruimten en hebben sorteerders in dienst die proberen de groene chips vanwege hun onappetijtelijke uiterlijk eruit te halen als ze over de lopende band langskomen. Maar het is altijd mogelijk dat een paar chips aan de aandacht ontsnappen.
Kan het kwaad een chip met groene plekjes te eten? Totaal niet. Chlorofyl is volkomen ongevaarlijk en bevat geen kunstmatige ingrediënten.

WAAROM zijn tortilla-chips veel duurder dan gewone chips?

In de supermarkt zijn aardappels duurder dan maïs. Maar van aardappels gemaakte chips zijn goedkoper dan de van maïs gemaakte tortilla-chips. Is dat niet de omgekeerde wereld?
Volgens de fabrikanten niet. Geduldig maar met een ondertoon van lichte ergernis legden ze ons uit dat de kosten van de grondstof niet alleen bepalend zijn voor de winkelprijs. Tortilla-chips kosten meer omdat ze veel moeilijker te maken zijn.
Vlak voordat de maïs wordt gekookt, moet het graan urenlang worden geweekt. En daarna begint het grote werk pas. Om tortilla-chips te maken moet in de fabriek de maïs worden gekookt en tot meel vermalen. Van het meel wordt een deeg met een bepaalde stevigheid gekneed. Dat wordt machinaal tot grote vellen uitgewalst waarna er tortilla-chips van worden gesneden. Vervolgens worden die gebakken, gekruid en verpakt.
Aardappelchips worden gemaakt door de aardappels eenvoudigweg te wassen, te schillen en in schijfjes te snijden. De schijfjes gaan in de frituurpan en worden daarna gekruid en verpakt. Het maken van tortilla-chips vereist meer apparatuur en mankracht en is daarom uiteindelijk duurder.

Beïnvloedt de maan de waterstand van meren en vijvers? En zo niet, WAAROM dan wel het getij van de zee? WAAROM hebben meren en vijvers geen eb en vloed?

Zelfs de grootste meren zijn te klein om eb en vloed te hebben. Vijvers of meren hebben geen getij omdat deze wateren door de aantrekking van de zwaartekracht van de maan in één keer omhoog worden getrokken, samen met het land onder het meer. (Het vasteland van de aarde gaat door de trekkracht van de maan maximaal ongeveer 45 centimeter omhoog, maar dat wordt niet waargenomen omdat er niets is dat niet omhoog gaat, waardoor we het hoogteverschil nergens aan af kunnen meten.)

Daarbij staan meren en vijvers niet in open verbinding met een grotere watermassa ergens anders op de aardbol die extra water zou kunnen leveren om een getijdegolf te vormen. Daarentegen hebben zeeën eb en vloed omdat hun water zonder belemmering door de bekkens van alle oceanen in de wereld kan stromen.

Aan de kant van de aarde die het dichtst bij de maan ligt, trekt de zwaartekracht van de maan het water van de planeet omhoog, waardoor de vloed ontstaat. Tegelijkertijd trekt de zwaartekracht aan de andere kant van onze planeet *aarde* weg van het *water*, waardoor er een tweede vloedgolf wordt gevormd.

Daartussen is het eb omdat daar het water vandaan komt dat naar de vloedgolven is gestroomd (Ook de zon beïnvloedt de getijden, maar met minder dan de halve kracht van de maan.)

Sommige delen van de oceaan die bijna geheel door land zijn omsloten - zoals de Middellandse en de Baltische Zee - vertonen het eb- en vloedlozegedrag van een meer, maar doen dat om een andere reden. De Middellandse Zee bijvoorbeeld heeft een getijdeverschil van maar enkele centimeters omdat het een waterbekken is met een smalle doorgang (de Straat van Gibraltar) naar de rest van de oceanen. De Straat van Gibraltar is nauw en ondiep, zodat de snelle tweemaal daagse stroom van een enorme hoeveelheid water die nodig is om een duidelijk getijdeverschil te maken, wordt tegengehouden. Eb en vloed van de Atlantische Oceaan proberen de Middellandse Zee te vullen of leeg te halen, maar de vloedgolf is al voorbij voordat er veel water door de Straat van Gibraltar is gestroomd.

Een water heeft een groot gebied nodig om in rond te stromen voordat eb en vloed zich duidelijk manifesteren. Een eenvoudige vergelijking maakt dit duidelijk. Stel je een bak vol modder voor met allemaal poeltjes water: een landschap met meertjes. Je kunt de bak aan één kant optillen zonder dat er veel gebeurt. Maar stel je nu een bak vol met water voor: een oceaan. Als je die een beetje schuin houdt, stroomt het water over je handen.

WAAROM worden niet-zoete wijnen 'droog' genoemd?

'Zoet', dat klinkt zinnig. Zoete wijnen bevatten meer suiker dan droge wijnen. Het belangrijkste doel van de suiker is de zure smaak van het looizuur en andere zuren in de wijn te maskeren.

De liefhebbers mogen stevig van mening verschillen over hoeveel suiker ze in hun wijn willen, maar we kunnen het er toch unaniem over eens zijn dat 'droge' wijn net zo nat is als zoete wijn?

Verbazingwekkend weinig wijnkenners konden iets zinnigs over het 'droge' in de wijn zeggen, maar er kwamen toch twee theorieën bovendrijven.

Volgens de ene theorie is de terminologie ingegeven door de smaakervaring en enig gezond verstand op het gebied van de marketing. Suiker prikkelt de speekselklieren waardoor de mond nat wordt. Zuren daarentegen hebben een samentrekkende werking waardoor je een droog gevoel in je mond krijgt. De wijnmaker weet dat de klant liever een 'zoete' wijn dan een 'natte' wijn drinkt en liever een 'droge' dan een 'zure'.

Maar er bestaat ook een intrigerende taalkundige theorie: de verklaring kan in de Franse taal worden gevonden. *Sec* is onder andere een synoniem voor mager, schraal, en betekent *peu charnu* (zonder vlees), niet zacht. *Sec* betekent ook onaangelengd, zoals in onverdund, zuiver, kaal, onbewerkt (*brut* in het Frans), met andere woorden: ongezoet.

De kwestie 'droog' versus 'zoet' ligt bij champagne weer anders dan bij niet-mousserende wijnen. Champagne werd oorspronkelijk *doux* genoemd, Frans voor zoet. Maar halverwege de negentiende eeuw besloot de champagne-maker Louise Pommery een minder zoete champagne te maken die hij *demi-sec* (halfdroog) noemde; deze was nog steeds tamelijk zoet maar minder dan de *doux*.

Nadat die populair was geworden, zijn de champagnes steeds droger geworden (met andere woorden: steeds minder zoet). Vandaag de dag hebben we een reeks in droogheid aflopende champagnes, zoals demi-sec,

sec, brut en extra-brut. De doux wordt niet meer verkocht.
Die aflopende reeks geldt niet voor de niet-mousserende wijnen. Daarbij betekent 'droog' niets anders dan niet zoet.

WAAROM kunnen de achterraampjes van taxi's (en van sommige andere auto's) maar half opengedraaid worden?
Hoewel deze (on)wetenswaardigheid vaak met taxi's in verband wordt gebracht, verzekerde ieder taxibedrijf ons dat ze de achterraampjes van hun wagenpark niet hadden aangepast. Ook was het geen selectiecriterium als ze een nieuwe auto kochten. Nee, de keuze voor dit soort achterraampje wordt bepaald bij de bron zelf, de auto-industrie. De vraag had dus eigenlijk moeten luiden: waarom maken autofabrikanten auto's met een achterraampje dat niet helemaal open kan? Volgens autofabrikant Chrysler zit het zo: 'Met de komst van de air conditioning in de auto verdween de behoefte aan een raampje dat helemaal open kan. Het was niet meer nodig om op die manier een auto maximaal te ventileren (ooit kon de voorruit ook worden geopend). Er valt om veiligheidsredenen ook heel wat te zeggen voor een vast achterraampje, want dan is die plek niet langer een ingang voor giftige dampen, insekten die de aandacht van de chauffeur afleiden, lawaai enzovoorts.'
De inzittenden van een auto zijn uiteraard net zo bezorgd om wat er *uit* een auto kan gaan als wat er naar binnen sluipt. Van sommige ontwerpers is bekend dat ze het opendraaien van het achterraampje halverwege blokkeren omdat ze denken dat de klant wil voorkomen dat hun kind tijdens de rit uit het open raam klimt.
Maar waarom zou een fabrikant in deze tijd van vrijheid blijheid niet een auto ontwerpen waarvan de gebruiker het raampje zover omlaag kan draaien als hijzelf wil? Sommige constructeurs worden geconfronteerd met de beperkingen die het ontwerpen en fabriceren van een kleinere auto met zich meebrengen. Bij

de kleinere auto's bepaalt de plaats van het achterwiel het model van de achterdeur. Dit model kan het opendraaien van het achterraampje noodgedwongen beperken.

WAAROM beginnen sommige huurvideobanden met een tweetonig signaal?

Ja, waarom? Niet om je trommelvliezen te beschadigen, tenminste, dat beweren de kenners. Het signaal wordt gebruikt om het opnemen op videoband te vergemakkelijken. Films worden met high-speed kopieermachines op videoband gezet en het signaal 'vertelt' de machine wanneer het kopiëren kan beginnen of eindigen. Als de band in de videorecorder zit, 'vertelt' het tweetonige signaal aan de machine waar de band begint en eindigt.

Niet ieder professioneel kopieerbedrijf gebruikt high-speed machines. Het wordt ook wel eens in *real time* gedaan, met één hoofdmachine die tientallen kopieermachines van beeldmateriaal voorziet. Het tweetonige signaal wordt dan gebruikt om het geluidsniveau van de kopieermachines af te stellen.

Wat ons betreft is het tweetonige signaal absoluut niet van nut bij afstellen van het geluidsniveau van je eigen tv. Er is geen betere reclame voor afstandsbediening dan een wandelingetje naar het tv-toestel om het gillende geluidsgeweld van de tweetonige frequentie (alleen onze hond kan ervan genieten) lager te zetten. Zo'n vijftien seconden later moeten we die vermoeiende reis weer ondernemen om het geluid harder te zetten, want anders blijkt de geestige komedie onbedoeld een stomme film te zijn geworden.

WAAROM vliegen de vogels naar het noorden terug nadat ze eerst naar het zuiden zijn getrokken?

Waarom zou je de moeite nemen om honderden kilometers naar het zuiden te vliegen, naar een prettiger en warmer klimaat, om je daar aangekomen weer naar Noord-Europa terug te slepen, waar het alleen een deel van het jaar aangenaam is? Overigens, als je

even doordenkt, hebben we het hier over vogels of mensen?
We weten niet precies waarom mensen het doen, maar van vogels kunnen we ons aardig goed voorstellen waarom ze weer naar het noorden terugvliegen. Uiteraard zitten vogels niet gezellig kwetterend en tsjilpend bij elkaar (zelfs niet met één poot onder hun vleugel) om het waarom van hun trektochten te analyseren; ongetwijfeld worden de trekvluchten op gang gebracht door hormonale veranderingen die door natuurlijke voortplantingscyclussen worden veroorzaakt. Bij de deskundigen bestaat eensgezindheid over de volgende redenen om naar het noorden terug te gaan:

1. *Voedsel.* De vogels vliegen naar het noorden terug om zich te nestelen. Jonge vogels in het nest zijn net als menselijke baby's geweldige eters en schromen niet om hun voedsel op te eisen. Waarschijnlijk vooral daarom keren de vogels terug: er staat ze hier een enorme voorraad insekten ter beschikking waarmee ze hun jongen kunnen voederen. Hoe meer lekkere wormen de ouders te pakken kunnen krijgen, hoe gezonder hun nageslacht en hoe lager de kindersterfte.

2. *Langer daglicht.* Hoe hoger de klimaatzone ligt, hoe langer de periode met daglicht duurt en hoe meer tijd de ouders hebben om het voedsel bijeen te zoeken en hun jongen te voeden. Sommige vogels kunnen alleen met hun ogen voedsel vinden; in het donker kunnen ze niet doelmatig voedsel inslaan.

3. *Minder strijd om het voedsel en de nestelplaatsen.* Als alle vogels bij het aanbreken van de broedtijd naar de zuidelijke klimaatzone zouden vliegen, vonden ze daar net zo makkelijk een rustig nest en voldoende voedsel als hier op een mooie zondag een stil plekje op het strand van Scheveningen.

4. *Veiligheid.* Vogels op hun nest zijn een makkelijker prooi voor hun aanvallers. In het algemeen zijn er min-

der roofdieren in het noorden dan in het zuiden. Waarom? Veel zoogdieren - die niet trekken - kunnen niet tegen het koudere klimaat van het noorden.

5. *Beter weer.* Sommige vogels trekken in de eerste plaats naar het zuiden om het koude weer in het noorden te ontvluchten. Als de vogels het goed uitstippelen, komen ze terug zodra het in de lente warmer wordt. Net als de bejaarden die in Benidorm overwinteren.

WAAROM is de zee zout? HOE komt het dat de verschillende zeeën eenzelfde zoutgehalte hebben?
Het meeste zout is in de oceaan terechtgekomen doordat in een tijdsbestek van honderden miljoenen jaren de grond is opgelost en uitgeloogd. De rivieren halen het zout uit de bergen en brengen het naar de zeeën; dit afslijpsel van de bergen vormt het overgrote deel van het zout in de oceaan.
Maar er zijn meer natuurverschijnselen die hun bijdrage aan de minerale massa in de oceanen leveren. Het water erodeert ziltig vulkanisch gesteente. Vulkanen geven ook zout juveniel water af, water dat niet eerder in vloeistofvorm bestond. Nieuwe basalt stijgt omhoog uit een gigantische breuk die door alle oceanen loopt. Met al dat zout dat in de oceanen wordt gedumpt, zou je denken dat de zee op een bepaald ogenblik verzadigd raakt. Want net als in alle wateren, verdampt het water van de oceanen constant. De regen die daar het gevolg van is, vult de rivieren weer die op hun beurt het zout uit de rotsen aanvoeren.
En toch is de zoutconcentratie in de oceanen al een hele tijd onveranderd gebleven... o, al zo'n 1,5 miljard jaar of zoiets. Hoe lozen de oceanen een deel van het zout?
Om te beginnen lost natriumchloride makkelijk op waardoor het zich niet in bepaalde delen van de oceaan kan ophopen. De oceanen hebben een groot oppervlak (vooral omdat alle grote oceanen met elkaar in verbinding staan) waarover het zout evenredig wordt verdeeld. In de tweede plaats verdampt een deel van

de ionen in het zout met de damp in de lucht. Ten derde: een deel van het zout verdwijnt als geabsorbeerde stof, in de vorm van vloeibaar gas dat zich hecht aan deeltjesmateriaal dat onder het oppervlak van de oceaan zinkt. De vierde en meest drastische manier waarop natriumchloride uit de oceaan verdwijnt, is dat het zich in grote hoeveelheden ophoopt op de zandbanken voor de kust waar het water zo ondiep is dat het verdampt.

Het zout heeft zoveel tijd gehad om in de oceaan te accumuleren dat de hoeveelheid zout die op een gegeven moment wordt toegevoegd of onttrokken relatief weinig voorstelt. Het gehalte aan andere mineralen in de oceanen is dramatisch veranderd, maar het zoutgehalte blijft met ongeveer 3,5 procent constant.

HOE krijgen films een drie-dimensionale werking? En HOE werkt de bril die daarvoor wordt gebruikt?

De drie-dimensionale film is een variatie op de stereofotografie (zoals *Viewmaster*) die we kennen van souveniertjes en kinderspeelgoed. Die apparaatjes geven twee verschillende beelden die een paar centimeter naast het gezichtspunt van de ogen staan. Het linkerbeeld wordt alleen aan het linkeroog getoond en het rechterbeeld rechtstreeks naar het rechteroog gestuurd.

Maar de techniek voor een drie-dimensionale film is ingewikkelder, omdat de filmmaker er op de een of andere manier voor moet zorgen dat het linkeroog in voldoende mate afgeschermd blijft van wat het rechteroog ziet en omgekeerd, terwijl beide beelden tegelijkertijd op het scherm worden vertoond.

Het eerste drie-dimensionale systeem werd in de jaren negentig van de vorige eeuw uitgevonden. De beelden werden anaglyfen genoemd, stereofoto's. Het beeld voor het linkeroog werd met een roodfilter op de lens geprojecteerd en dat voor het rechteroog met een groen-blauw filter. Men gebruikte brillen met filters met dezelfde kleuren om de beelden te zien; het roodfilter voor de linkeroog gaf het licht van het linker-

beeld door en hield het licht van het rechterbeeld tegen. Dit systeem werd ook gebruikt om boeken met stereofoto's te bekijken, terwijl ermee is geëxperimenteerd voor drie-dimensionale uitzendingen op de kleurentelevisie.
Maar deze techniek kent één groot probleem: ze werkt het best bij zwart-wit beelden. Het rood en groen van de brillen geeft de drie-dimensionale kleurenfilm een ongewenste en weinig verfijnde verkleuring.
De oplossing voor dit probleem werd door Polaroid bedacht. Dit bedrijf ontwikkelde - hoe kan het ook anders - een polarisatietechniek speciaal voor drie-dimensionale films. Bij deze techniek wordt gebruik gemaakt van gepolariseerd licht dat in evenwijdige bundels vrijwel rechtstreeks op het oog valt. Ook nu moest de toeschouwer een speciaal brilletje opzetten. Het systeem werd voor de drie-dimensionale films uit de jaren vijftig gebruikt.

WAAROM hebben we een blindedarm? En WAAROM amandelen?
Deze vraag werd ons door een arts gesteld en dat geeft al aan dat het antwoord allesbehalve voor de hand ligt. Sommige artsen noemen de blindedarm 'de amandelen van de darmen'. Dat deed bij ons de vraag rijzen of de blindedarm voornamelijk in de buik zit om door een chirurg verwijderd te worden. Waarom hebben we organen als amandelen, de blindedarm en de galblaas als we ze niet missen wanneer ze eruit worden gehaald?
In feite hebben de amandelen en de blindedarm veel met elkaar gemeen. Het zijn allebei lymfatische organen die witte bloedcellen fabriceren. De blindedarm kàn van belang zijn. Eén type bloedlichaampjes is de lymfocyt; deze produceert de afweerstoffen die de lichaamseigen eiwitten scheiden van de lichaamsvreemde, de antigenen. De afweerstoffen die door de lymfocyten worden geproduceerd, schakelen de antigenen uit.
Er zijn twee typen lymfocyt: B-lymfocyten en T-lymfocyten. De T-lymfocyt wordt in de thymus, de zwezerik,

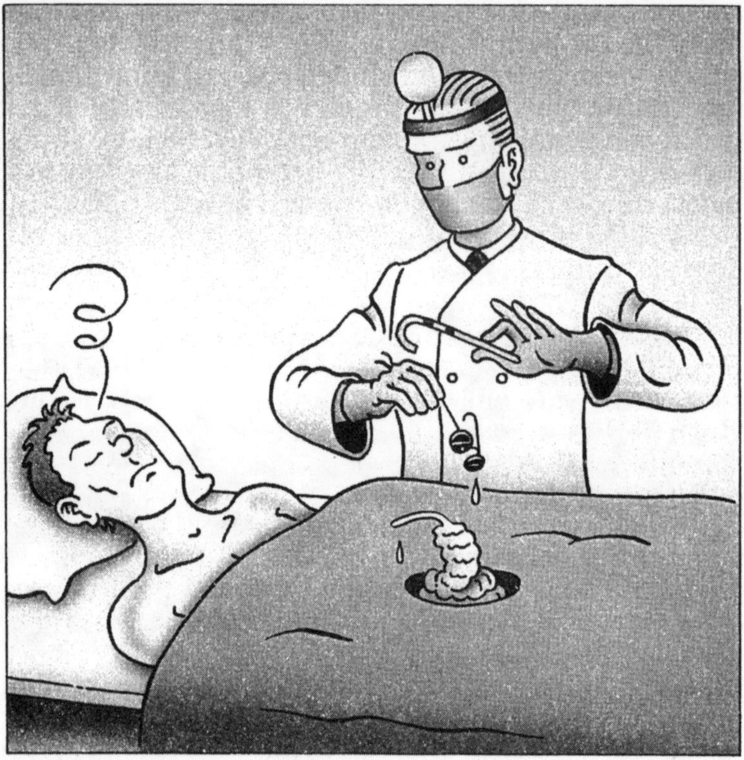

Waarom hebben we een blindedarm?

gemaakt. Misschien wordt de B-lymfocyt in de blindedarm aangemaakt, maar het is waarschijnlijker dat het beenmerg voor dit doel dient.
Als onze blindedarm zo belangrijk is in de strijd tegen infecties, hoe kunnen we dan zo makkelijk zonder? Gelukkig zijn er andere organen als de milt die ook voldoende witte bloedlichaampjes produceren om de zaak in bedwang te houden.
Sommige artsen zijn van mening dat de blindedarm (en de amandelen) wellicht een ander doel dient: als bliksemafleider om infecties aan te trekken. Volgens deze theorie worden de infecties naar een plaats getrokken die niet van cruciaal belang is voor het functioneren van de rest van het lichaam. Deze bliksemafleiderstheorie wordt ondersteund door het feit dat veel mensen vaker last hebben van de blindedarm of amandelen dan van andere organen.
Het is nog geen uitgemaakte zaak of mensen met gepelde amandelen of een weggehaalde blindedarm slechter af zijn dan zij die deze organen wel met zich meeslepen. De medici lijken van mening te verschillen over de noodzaak om bij een milde vorm van angina de amandelen van een kind te pellen. Een patiënt die bij een acute blindedarmontsteking over de grond kronkelt van de pijn zal deze discussie worst zijn.

WAAR gaat nevel naartoe als die oplost?
Een paar feitjes over wolken geven de sleutel tot de oplossing van deze (on)wetenswaardigheid.

1. Warme lucht in maximale vochtigheidstoestand (dat wil zeggen honderd procent relatieve vochtigheid) bevat bij een gelijke luchtdruk meer waterdamp dan koude lucht. Bij dertig graden Celsius kan dat zeven keer zoveel zijn als bij nul graden.

2. Daarom neemt de relatieve vochtigheid van lucht die afkoelt toe tot hij het maximum van honderd procent bereikt. Dit punt heet de dauwpunttemperatuur.

3. Als de lucht op dauwpunttemperatuur verder af-

koelt, wordt de nevel zichtbaar (en krijg je uiteindelijk neerslag).

4. Het verdwijnen van de nevel wordt door het tegenovergestelde van punt 3 veroorzaakt. Als lucht zich van een lage naar een hogere luchtdruk verplaatst, wordt ze warmer en droger en de relatieve vochtigheid lager. Daardoor verdampt de nevel.
Als we de nevel zien, is de lucht gestegen en afgekoeld waarbij de onzichtbare waterdamp tot zichtbare nevel is gecondenseerd op het moment dat de lucht de dauwpunttemperatuur heeft bereikt. Maar als de nevel drogere lucht tegenkomt, kan die meer waterdamp bevatten en verdampen de neveldruppels weer.
Lucht die een berg passeert, koelt af waardoor zich wolken om de bergtoppen vormen. Maar als de lucht aan de andere kant van de berg daalt, wordt ze opgewarmd en droger en lost de wolk weer op. Zo'n wolkenformatie heet een orografische wolk.

WAAROM is bevroren geconcentreerd sinaasappelsap zo ongeveer het enige bevroren produkt dat goedkoper is dan zijn verse equivalent?
De redenatie achter deze vraag klinkt heel logisch: sinaasappelsap wordt uit sinaasappels geperst, het bevroren sap moet daarnaast ook nog worden geconcentreerd en door die extra handeling is de produktie ervan kostbaarder en moet geconcentreerd sap in de winkel duurder zijn.
En toch is dat niet zo.
De groothandelsprijs van vers en gekoeld sap en bevroren concentraat verschilt maar een paar cent per kilo, maar in de winkel is het verschil aanzienlijk. Waar komt dat verschil vandaan? Gekoeld sap (en het verse fruit zelf uiteraard ook) zou veel goedkoper dan geconcentreerd sap zijn als het niet over grote afstanden vervoerd moest worden. Maar dat moet het wel. Het prijsverschil vloeit voort uit de dure distributie en niet uit een verschil in de produktiekosten.
Een kist met 30 kilo sinaasappelen levert ongeveer 15 kilo sinaasappelsap op. Als het sap wordt geconcen-

treerd door het water eruit te halen, zal het zeker 2/3 lichter worden. In dezelfde kist zit ongeveer 5 pond bevroren geconcentreerd sinaasappelsap.
Je kunt in een vrachtwagen of boot dus drie keer zoveel bevroren geconcentreerd sap als gekoeld sap vervoeren, en twee keer zoveel gekoeld sap als verse sinaasappels. En verder doorrekenend: in dezelfde kist waarin 30 pond sinaasappels wordt verscheept, kan zes keer zoveel bevroren geconcentreerd sinaasappelsap.
Daarbij kan vers fruit op weg naar de winkel beginnen te rotten of te kneuzen. De winkelier heeft één bedrag voor de hele lading betaald, maar moet waarschijnlijk rotte of gekneusde exemplaren weggooien. De prijs blijft gelijk, ongeacht de hoeveelheid fruit die hij in werkelijkheid verkoopt.
Bevroren geconcentreerd sap bederft niet en er is dus geen sprake van enig verlies. De hogere prijs in de winkel compenseert de kosten van het verloren gegane fruit.

HOE worden de abonnementskaarten in tijdschriften gedaan? En HOE komt het dat ze er tijdens de verzending niet uitvallen?
Er zijn maar weinig dingen die ons meer irriteren: je ontvangt het tijdschrift waarop je een duur abonnement hebt genomen en als blijk van dank word je overladen met kaarten die je uitnodigen een abonnement te nemen op het blad waar je net voor betaald hebt.
Waarom moet je eerst allerlei troep uit je tijdschrift halen voordat je het blad kunt lezen? Omdat die vermaledijde kaarten werken. De uitgevers weten dat lezers de kaarten haten, maar ze krijgen er veel meer reacties op dan op een onopvallende advertentie in het tijdschrift zelf, zeker als de kaart gratis naar een antwoordnummer kan worden gestuurd.
Deze hinderlijke insteekkaarten die tijdens het lezen uit je blad vallen heten in de uitgeverswereld *blow-in cards*. Oorspronkelijk werden ze door een ventilator bij de lopende band letterlijk het tijdschrift ingeblazen, vandaar de naam. Tegenwoordig worden ze ma-

chinaal in het blad gestoken nadat dit is geniet. Er wordt niets speciaals gedaan om de kaarten in het tijdschrift te houden; ze zitten zo strak tegen de nietjes aan dat ze er pas uitvallen als je het tijdschrift doorbladert.
Waarom hebben veel tijdschriften meer dan één antwoordkaart in een nummer? Ook dat is niet zo maar. Op twee kaarten wordt vaker gereageerd dan op één kaart.
Nog meer kaarten in het blad en de toorn van de lezer overtreft de financiële voordelen voor de uitgever.

WAAROM leggen we een thermometer ònder de tong? Maakt het wat uit of je hem op of onder de tong legt?
Wie een kind wanhopig heeft zien kronkelen terwijl hij worstelde om de thermometer onder de tong te houden, zal zich afgevraagd hebben waarom er ooit met deze gewoonte is begonnen. Waarom willen artsen onze temperatuur op de meest ongemakkelijke plaats meten?
Nee, het is niet van wezenlijk belang dat het tempen onder de tong of – nu we het er toch over hebben – in het rectum plaatsvindt. Het doel van het temperaturen is het vaststellen van de 'kern'-temperatuur, de warmte van het binnenste van het lichaam.
Rectum en tong zijn de meest toegankelijke gebieden met kerntemperatuur. Soms wordt voor het meten ook de oksel gebruikt, maar die staat vaker bloot aan de buitenlucht waardoor hij een lagere temperatuur heeft. Natuurlijk kun je de zaak bedonderen door een hete drank in te nemen. Maar zonder deze schoolziekte-manipulatie kan de temperatuur bijna net zo nauwkeurig en veel aangenamer onder de tong – vol bloedvaten – worden gemeten dan in het rectum.
Maar waarom leggen we de thermometer *onder* in plaats van *op* de tong.
Drie redenen:

1. *Nauwkeurigheid.* Door de thermometer onder de tong te leggen, isoleer je dat gebied van invloeden van

buitenaf, zoals lucht en voedsel. Vocht verdampt in de mond en op de thermometer en daardoor krijg je een verkeerde, lagere temperatuur. Daarom is het belangrijk de thermometer onder de tong te houden in plaats van hem losjes door de mond te laten rollen. Een kwikthermometer reageert het nauwkeurigst op de temperatuur van vloeistoffen en vaste stoffen waarmee het rechtstreeks in contact staat.

2. *Snelheid.* Het zachte weefsel en de bloedvaten van de tong zijn een ideale bedding voor een thermometer. Vergeleken met de huid van de oksel, die dik en eeltig is en geen bloedvaten bevat, wikkelt het zachte, onbeschermde weefsel onder de tong zich stevig om de thermometer, waardoor de lichaamswarmte sneller en completer wordt overgebracht.

3. *Gemak.* Je gelooft het misschien niet, maar de thermometer *op* de tong leggen is lang niet zo prettig. De harde thermometer wordt niet door het zachte weefsel onder de tong opgevangen en zal onvermijdelijk tegen het veel hardere weefsel van het verhemelte (het dak van je mond) schuren. Een van de twee zal moeten wijken en wie dat zal zijn...

In geval van nood is het geen ramp de thermometer op de tong te leggen. Maar dan wel met een heleboel slagen om de arm: je kunt in principe redelijk nauwkeurig de temperatuur aflezen *als* je vlak daarvoor niet door je mond hebt ademgehaald, *als* je niet net hebt gegeten en gedronken, *als* je de thermometer stevig tussen je tong en verhemelte houdt en *als* je hem daar lang genoeg laat zitten.

Hebben pinguïns knieën?
Nou en of! Ze zitten alleen discreet onder hun verendracht verborgen. Anatomisch gezien zijn alle vogelpoten ongeveer hetzelfde, hoewel bij de verschillende soorten de afmetingen van de botten nogal variëren.
Bij de pinguïns zijn de poten net als bij andere vogels in drie delen opgesplitst. Het bovenste deel, bij ons de

Hebben pinguïns knieën?

heup, en het middelste deel, bij ons het scheenbeen en bij de kippen de bout waarvan we gemarineerde drumsticks maken, zijn bij pinguïns tamelijk kort.
Als we flamingo's bekijken, of andere vogels met lange poten, dan lijkt het alsof ze een knie hebben die naar achteren buigt. Maar dat scharnier is niet hetzelfde als de menselijke knie. Pinguïns, flamingo's en andere vogels hebben knieën, met patella's (knieschijven) zelfs, die bijna net zo buigen en functioneren als onze knieën. Het achterwaarts buigende gewricht dat we bij een flamingo voor een knie aanzien, scheidt in werkelijkheid bij vogels de 'enkel' van de voet. Het gedeelte onder het naar achteren buigende gewricht is niet het onderbeen maar het bovenste gedeelte van hun voet. Met andere woorden: pinguïns en andere vogels staan net als balletdansers op hun tenen.
Pinguïns zijn natuurlijk vogels, maar ze voelen zich beter in hun element in het water dan in de lucht. In het water zijn alleen de dolfijnen sneller. Op het land mogen ze dan waggelen, maar in het water zijn ze door onder andere hun poten echte zwemmachines. Ze gebruiken hun vleugels als propeller en hun langwerpige voeten als roer.
Hopelijk stelt je dat gerust. Ook al kun je ze niet zien, pinguïns hebben poten en knieën. En ze weten heel goed hoe ze ermee om moeten gaan.

WAARDOOR blijven katteharen meer aan onze kleren hangen dan de haren van honden of andere huisdieren?

Het haar van een kat is het meest elektrostatisch van alle huisdierharen. Dat is waarschijnlijk de belangrijkste reden waarom katteharen aan kleren blijven hangen. Maar het klitten wordt ook veroorzaakt door de fysiologie van het kattehaar. De vacht van een poes bestaat uit drie verschillende haartypen: dekharen (die grotendeels aan de buitenkant zitten); wolharen (tussenliggende haren die onderdeel van het primaire haarkleed zijn); en secundaire haren (donzig haar in de ondervacht).
De dekharen zijn dun en lopen spits toe. De opperhuid

van deze haren heeft microscopisch kleine weerhaakjes die heel ruw zijn. Vooral deze haren blijven aan kleren hangen.
Wolharen hangen aan kleren omdat ze een gebroken of gebarsten opperhuid hebben. De secundaire haren zijn heel dun en golvend of zelfs gekruld. Deze haren blijven klitten aan kleren met een grof weefsel.

WAAROM mag je een halogeenlamp niet met je vingers aanraken?
Voor gewone gloeilampen wordt natriumsilicaatglas gebruikt, dat er perfect voor geschikt is. Maar de wolfram-halogeen lampen zijn van het duurzamere kwartsglas gemaakt omdat deze lampen tegen een veel hogere temperatuur bestand moeten zijn: minstens 250 graden Celsius.
De kwarts halogeenlamp mag niet met de vingers worden aangeraakt omdat de natuurlijke oliën van de huid in combinatie met de hoge temperatuur van de werkende lamp de kristalstructuur van het glas veranderen. Daardoor kan het glas breken of kunnen er gaatjes in ontstaan. Er komt dan lucht bij de gloeidraad en de lamp zou kunnen exploderen.
Om zo'n explosieve situatie te voorkomen is over sommige halogeenlampen een losse glazen kap gezet, zodat de lamp niet kan worden aangeraakt. Als je de lamp met je handen moet aanraken of als je de lamp moet schoonmaken, helpt het als je je handen met gedenatureerde alcohol inwrijft.

HOE is Kodak aan zijn naam gekomen? Klopt het dat de naam is afgeleid van het geluid dat de sluiter maakt?
Standard Oil kreeg van alle kanten kritiek toen hun naam in Exxon veranderde, een woord dat werd gekozen omdat het nog niet bestond en een aangename klank had. Het betekende niets en kon ook nergens mee worden geassocieerd. Een deel van de pers vond de naamsverandering een symbool voor de zielloosheid van dit tijdperk.
Maar George Eastman legde de naam Kodak in 1888 als

handelsmerk vast. En ook dat woord had geen enkele betekenis.
De Eastman Kodak Company heeft deze vraag al zo vaak voorgelegd gekregen dat ze er een folder over hebben laten maken. Ja, het is hun bekend dat het gerucht gaat dat Kodak een onomatopee is voor het geluid dat een sluiter maakt. Maar de werkelijkheid is veel prozaïscher, ofschoon niet minder fascinerend. George Eastman verzon maar wat! Hij heeft in verschillende brieven het bepaald niet wetenschappelijk verantwoorde proces beschreven dat leidde tot de naam van een van de beroemdste wereldmerken: 'Ik heb de naam zelf bedacht... De letter K was altijd al een van mijn lievelingsletters; een krachtige, doortastende letter, zo lijkt het... Ik begon een groot aantal combinaties van letters uit te proberen die woorden moesten vormen die allemaal met een K begonnen en eindigden. Het resultaat daarvan was het woord Kodak. Het was een puur willekeurige lettercombinatie, niet afgeleid van een bestaand woord, en tot stand gekomen na een diepgaande zoektocht naar een woord dat aan alle eisen van een handelsmerknaam voldeed. De naam moest kort zijn, niet verkeerd gespeld kunnen worden waardoor de eigenheid verloren zou gaan; een krachtige en kenmerkende persoonlijkheid hebben; en hij moest voldoen aan de eisen van de verschillende buitenlandse handelsnaamwetten.'
Dat laatste is belangrijk. Een handelsnaam wordt niet erkend als hij voor een groot deel uit een al bestaand woord (of meerdere woorden) bestaat dat volgens het woordenboek het produkt precies omschrijft. Zoals Eastman in 1906 schreef: 'En weet u, een bijzondere naam is ook commercieel interessant.'

WAAROM begint een militaire mars altijd met het linkerbeen? Is daar een praktische reden voor? En is het over de hele wereld gebruikelijk?
Eindconclusie: alleen de derde vraag kunnen we met enige zekerheid beantwoorden. Zover we hebben kunnen nagaan, beginnen soldaten de mars inderdaad overal ter wereld met hun linkerbeen.

We benaderden heel wat van onze betrouwbare militaire inlichtingsbronnen met de vraag hoe deze gewoonte gemeengoed is geworden. Ze antwoordden één voor één met een schouderophalen.
Vanaf onze eerste boeken worden we overspoeld met vragen over de oorsprong van de links/rechts-gewoonten (bijvoorbeeld: waarom houden we rechts in het verkeer, waarom zit de warmwaterkraan links, waarom worden militaire onderscheidingen links gedragen) en weten daardoor dat ze bijna altijd voortspruiten uit technische voordelen.
Welk voordeel heeft het een mars met het linkerbeen te beginnen
We vonden één hypothese die misschien niet het definitieve antwoord geeft, maar die van alles wat we over dit onderwerp te weten kwamen verreweg de meest interessante is.
Toen in de voor-christelijke tijd de oorlogsvoering beter werd georganiseerd en geoefende legers elkaar op het slagveld gingen bevechten, vereiste de evolutie van de infanterie-tactiek naar een gesloten formatie dat de regimenten gingen marcheren zodat de lichte en zware infanterie doelmatiger in de richting van de vijand konden gaan.
De hypothese is dat een of andere allang onder het stof der eeuwen vergane drilmeester toevallig ontdekte dat soldaten die opeengepakt naar de voorste gevechtslinie van de vijand marcheren, beter hun evenwicht behouden en meer ruimte voor hun zwaard hebben als ze gelijkvoets met hun mede-strijders opstomen. De hypothese veronderstelt dat de steekwapens altijd met de *rechter*hand werden gehanteerd en het schild met de linker. Het schild beschermde bij een man tegen man gevecht ook het naar voren stappende linkerbeen.
In deze hypothese weerklinkt de gebruikelijke verklaring voor het aan de linkerkant bestijgen van een paard.
Het zal het paard een zorg zijn van welke kant de ruiter op hem klimt. Maar in vroeger dagen, toen de ruiters hun zwaard aan de linkerkant van hun lichaam hadden

hangen (en het zwaard met de rechterhand uit de schede werd getrokken), konden ze zo hun kruis veel beter ontzien.

WAAROM wiebelen konijnen de hele tijd met hun neus?

Konijnen doen dat niet de héle tijd, maar vaak genoeg om je af te vragen of ze aan de cocaïne zijn of last van een zware allergie hebben. We hadden er weinig vermoeden van dat deze charmante eigenschap iets zegt over de werking van het ademhalingssysteem van het konijn.

Er zijn minstens vier redenen waarom het konijn zo zenuwachtig met zijn neus wiebelt:

1. De beweging activeert de vetklier (die bij het slijmvlies zit) en scheidt daardoor vocht af dat het vlies nat en sterk houdt. Konijnen ruiken beter met een natte neus, net als andere dieren (waaronder, ahum, honden). Zie voor deze netelige (on)wetenswaardigheid het hoofdstukje 'Waarom hebben honden een natte neus?' in *Waarom krijgen spechten geen hoofdpijn?*)

2. Het voortdurend bewegen zet de nasale openingen oftewel de neusgaten wijder open, waardoor het konijn meer lucht kan inademen. Net als honden transpireert een konijn niet. Door met zijn neus te draaien, koelt hij af als hij het warm heeft. Hij ademt de warme lucht uit en zwaait zich met zijn oren frisse lucht toe. Omdat hij niet transpireert, is het heel belangrijk dat hij veel lucht in- en uitademt.

Normaal gezien haalt een tam konijn ongeveer 120 keer per minuut adem. Maar tijdens extreem warm weer is het niet ongewoon dat hij 300 tot 350 keer per minuut ademhaalt.

De grootte van de neusgaten bepaalt hoeveel lucht een konijn kan inademen. Om meer lucht naar binnen te krijgen, activeert hij de verschillende spieren die rond de neusgaten zitten zodat die openingen groter worden. Daarom draait hij met zijn neus.

3. Als de snorharen van het konijn worden aangeraakt, zetten de spieren rond de neusgaten zich uit of trekken samen en het reukvermogen van het dier wordt scherper.

4. Een konijn dat voortdurend met zijn neus wiebelt, lijkt zenuwachtig. Soms is dat ook zo. Als een konijn kalm en alleen is, blijven zijn neusgaten gewoonlijk rustig. Maar als hij zich opwindt, nemen zijn polsslag en ademhalingsfrequentie toe en krijgt hij een nerveuze tic die de spieren om de neus samentrekt en ontspant; het 'wiebelen van de neus' waar leken het meestal over hebben.

Sommige lezers suggereerden dat dit wordt veroorzaakt doordat de snijtanden voortdurend groeien, maar onze deskundigen verwezen deze stelling naar het rijk der fabelen.

WAAROM staan er in het embleem van de Cadillac zes eenden zonder poten?

Er doen twee geruchten de ronde over de eenden op het embleem van de Cadillac: de zes eenden symboliseren de oorspronkelijke oprichters van Cadillac; en iedere eend staat voor één van de zes cilinders. Maar dat zijn geruchten die totaal niet kloppen.

Cadillac werd in 1902 door maar één man opgericht, de geweermaker Henry Leland. Nadat hij zijn bedrijf aan General Motors had verkocht, ging Leland verder met Lincoln die later de belangrijkste concurrent van Cadillac op het gebied van luxe-auto's werd.

Ook de cilindertheorie slaat nergens op. De eerste Cadillacs hadden één cilinder, later vier. In 1915 bracht Cadillac voor het eerst een achtcilindermotor op de markt. De Cimarron uit het midden van de jaren tachtig was de eerste Cadillac met een zescilindermotor en menig liefhebber van de Cadillac wenst de ontwerper van dit model nog steeds de meest enge ziekten toe.

De cilindertheorie gaat dus niet op en aangezien Leland het enige meesterbrein achter de auto was, gaat

ook de oprichterstheorie niet op. In werkelijkheid is het embleem een blazoen. En niet zomaar een blazoen. De Cadillac is vernoemd naar Antoine de la Mothe Cadillac, de Franse ontdekkingsreiziger die in 1701 Detroit stichtte. Het embleem van het automerk Cadillac is een versie van het familiewapen dat al 400 jaar voor de geboorte van de ontdekkingsreiziger Cadillac door zijn familie werd gevoerd.
Er staan ook geen eenden in het wapen; het zijn merels, de heraldieke bewerkingen van de huiszwaluw. De merels op het embleem van de Cadillac hebben snavel noch poten. Als de merels in drievoud verschijnen, verwijzen ze naar de Heilige Drieëenheid. De merels werden door de middeleeuwse School van Herauten samen met de faas (de brede, donkere horizontale balk die de twee bovenste vogels van die ene onderste in het kwartier scheidt) aan ridders toegekend voor moedig gedrag tijdens de kruistochten. De vogels die in dit deel van het Cadillac-wapen in het zwart tegen een gouden achtergrond zijn afgebeeld, staan symbool voor wijsheid, rijkdom en scherpzinnigheid van geest, ideale eigenschappen voor een avontuurlijke en geestdriftige Christelijke ridder.
De middeleeuwse geschiedschrijver Guillaume schreef over de merel: 'Deze vogel is als persoonlijk helmteken toegekend aan jongere broers, om ze ervan te doordringen dat ze, als ze omhoog willen in het leven, zich op de vleugels van de deugd en verdienste moeten richten, en niet op de poten, want ze hebben maar weinig land om hun voeten op neer te zetten.'
Het wapen heeft elk model Cadillac gesierd, vaak op verschillende plekken. Het uiterlijk is om de zoveel tijd veranderd; langer of smaller, met of zonder lauwerbladeren enzovoorts.
Maar het heraldieke ontwerp is altijd hetzelfde gebleven.

HOE luiden de officiële definities van een zonsopgang en een zonsondergang? HOE wordt bepaald op welk tijdstip de zon op- of ondergaat? WAAROM is het voor zonsopgang en na zonsondergang toch licht?
De definities zijn makkelijk te geven. De zon gaat op als de bovenkant van de zon op zeeniveau aan de horizon verschijnt. Bij een zonsondergang zakt de bovenkant net onder die horizon. Maar hoe bepalen de wetenschappers het tijdstip van de zonsopgang of ondergang? Nee, ze sturen geen meteorologen met ladders op pad die reikhalzend en met een stopwatch in de hand de einder moeten afspeuren. Er wordt geen gebruik gemaakt van waarnemingen, alleen maar van rekenkunde. Op basis van het aantal omlopen van de aarde om de zon worden de tijdstippen lang van tevoren berekend.
Deze tijdstippen worden bij benadering gegeven en kunnen afwijken van wat we met het blote oog waarnemen. Het tijdstip dat de zon op- of ondergaat verschilt met de dag en de plaats. De van tevoren gepubliceerde tijdstippen zijn berekend zonder acht te slaan op de verschillen in landschap. Alle berekeningen worden gemaakt voor een horizon op zeeniveau. Het echte uur van een zonsondergang kan op een bepaalde plaats - op een berghelling bijvoorbeeld - aanzienlijk verschillen van het 'officiële' tijdstip.
Als wij een zonsondergang zien, is de zon al onder de horizon. De dampkring om de aarde verbuigt de zonnestralen en vertraagt de zonsondergang met ongeveer drie minuten. Hetzelfde geldt voor de zonsopgang: de zon komt eerder op dan bij een planeet zonder dampkring. Daardoor krijgen we in feite vijf tot tien minuten meer zonlicht.

WAAROM is schaamhaar gekruld?
In *Waarom krijgen we geen kippevel op ons gezicht?* beantwoordden we de vraag waarom we schaamhaar hebben. Maar jullie wilden meer weten. Vanwege de onverzadigbare westerse belangstelling voor lichaamshaar zetten we onze zoektocht onverdroten voort.

We kunnen je helpen als je genoegen neemt met de wetenschap waarom schaamhaar anatomisch gezien krult. Schaamhaar is gekruld omdat het genetisch in een platte vorm wordt gemaakt en niet in een ronde. Volmaakt rond haar, zoals bij de Indianen, is steil en krult niet. Maar als het haar van een neger wat langer wordt, krult het, zoals iedereen kan zien. Dat komt omdat het ellipsvormig van bouw is. Hetzelfde geldt voor schaamhaar.
Maar het wordt moeilijker als je ons vraagt wáárom schaamhaar krult. Er bestaan een paar theorietjes. Het haar zou krullen omdat het als het stug en steil zou uitgroeien, ongemakkelijk tegen de lichaamsdelen eromheen zou schuren. Een huidarts beantwoordde de vraag waarom schaam- en okselhaar niet zo snel groeit als hoofdhaar badinerend met 'het is niet alleen een raar gezicht onder de douche, maar we zouden er ook nog over struikelen.'
Maar voordat we ons door zulk soort theorietjes laten meeslepen, moeten we één saillant feit niet vergeten: niet al het schaamhaar krult. Aan het begin van de puberteit is het zacht en steil. En als deze boeken in Japan of China zouden zijn uitgegeven, zou de vraag niet zijn gesteld. Het schaamhaar van de Aziaten is dunner en veel steiler dan van blanken of zwarten.

WAAROM zitten er gaatjes in de bekleding van het dak van een auto?

Om dezelfde reden waarom er soms kleine gaatjes in de plafonds van openbare gebouwen zitten. Ze onderdrukken het geluid. De dakbekleding van sommige personenauto's en vrachtwagens heeft gaatjes om de geluidsabsorberende eigenschappen te verbeteren. De bekleding is meestal van vinyl of hardboard en wordt over een laag schuimrubber aangebracht. De gaatjes laten het geluid van de auto door waardoor het door het schuimrubber kan worden gedempt en het stiller in de auto is.
Voor sommigen is het gaatjespatroon prettig om naar te kijken, dus misschien hebben deze gaatjes wel een dubbele functie.

WAARDOOR wordt vet wit als het afkoelt?

Je hebt op zaterdag patat voor de kinderen gebakken. Milieubewust als je bent, pak je een oude koffiepot om de hete olie in weg te gieten. Je doet het deksel omhoog en ontdekt dat de oude olie is gestold en niet de goudbruine kleur van de bakolie heeft die je erin hebt gedaan, maar een wittige als van suikerglazuur op een gebakje. Waarom is olie in vloeibare toestand doorzichtig, en gestold troebel?

Als de olie afkoelt, verandert haar fysieke toestand, net zoals doorzichtig water in mat ijs verandert als het bevriest. Van een vloeistof wordt de olie een vaste stof. Door de moleculaire structuur krijgt het geen goede kristalstructuur. In plaats daarvan vormen zich beurtelings kristallijne en niet-kristallijne gebieden. Deze onregelmatige gebieden weerkaatsten wit licht en geven het vet een troebel uiterlijk.

Als de olie tot zuiver kristal zou stollen, zag het er misschien wel glashelder uit. Overigens, paraffinesoorten als kaarsvet gedragen zich net zoals olie: als vloeistof zijn ze doorzichtig, in vaste vorm mat.

WAAROM is de huid om onze vingerknokkels gerimpeld terwijl de huid op onze knieën dat niet is?

De knokkels hebben genoeg huid nodig om de vinger ongeveer 100 graden te kunnen buigen. Daarom is er meer huid om de knokkels als de vinger is uitgestoken. De knieën hebben minder extra huid nodig, maar ook daar is de huid gerimpeld, alleen over een groter gebied waardoor de rimpeling minder opvalt. Zelfs met dat extra stukje huid krijgen we 'witte knokkels' als de vingers en knieën helemaal gebogen zijn.

We staan er soms verbaasd over hoever onze deskundigen willen gaan voor de wetenschap en het oplossen van een (on)wetenswaardigheid.

Neem de huidarts Samuel T. Selden. Hij kleedde zich zelfs uit! Hij bedacht een weliswaar op gissingen gebaseerde maar daarom niet minder boeiende antropologische theorie om het knie-vinger-verschil te verklaren.

'Ik moest er mijn schoenen en kousen voor uitdoen om het na te trekken. Interessant genoeg is ook de huid op de knokkels van onze tenen niet erg gerimpeld. De huid op onze ellebogen is rimpelig, maar niet zo erg als de huid op de vingerknokkels.
Mijn theorie voor de rimpeling is dat onze voorouders, de apen, op hun vingers liepen, iets wat wij mensen waarschijnlijk deden voordat we rechtopstaande wezens werden. De rimpels zijn het duidelijkst op de middelste knokkels te zien, de proximale middenvingerkootjes, waarop de apen het grootste gedeelte van hun gewicht zetten als ze lopen. Sommige mensen hebben hier door overerving een verdikte huid, de "knokkelkussentjes", een nog duidelijker verwijzing naar hun voorouders de apen.'
Wat zullen ze blij zijn dat te horen!

WAAR blijft het restant oude motorolie van je auto nà het olie verversen?
Vlak voor het olie verversen kijken we de peilstok na. Het oliepeil staat op het bovenste streepje van het maximum. Vervolgens laten we de olie weglopen en vervangen we het filter, gieten de aanbevolen hoeveelheid olie naar binnen en kijken de peilstok nogmaals na. Weer het bovenste streepje.
Nu verwijderen we de oude olie uit het carter en het filter en kijk nou toch! Minder dan vijf liter! Eerder drie tot drieëneenhalve liter! We weten dat er zelfs na het omdraaien en laten uitlekken van het filter wat olie achterblijft, maar anderhalve liter? Houdt de motor van onze auto als we de olie verversen telkens anderhalve liter olie achter?
Dit raadsel intrigeerde ons en daarom namen we contact op met verschillende autofabrikanten, maar die konden het verschijnsel niet verklaren. We zochten verder en overlegden met enkele technische specialisten. Na een diepgaand gewetensonderzoek kwamen we tot de slotsom dat deze vraag nog net een (on)wetenswaardigheid mag heten, maar wel een die heel dicht in de buurt van een frustrerende kwestie kwam.

Sommige vragen kunnen niet met één eenvoudig antwoord worden afgedaan. Er zijn verschillende oorzaken die bij elkaar een verschijnsel teweegbrengen. De specialisten opperden enkele mogelijkheden:

1. Als de olie wordt ververst met een koude motor zal ze dikker zijn en op de buitenkant van de motor en de deklaag aan de binnenkant gaan zitten. Zelfs met een warme motor zal de deklaag nat worden en gaat er olie verloren.

2. Hoeveel olie er wegloopt, hangt in hoge mate af van de plaats waar de stop van de afvoer zit. Ford bijvoorbeeld heeft verschillende automodellen met twee afvoerstoppen; om alle olie kwijt te raken moet je beide stoppen lostrekken.

3. In sommige gevallen kan het model van de auto het vrijelijk stromen van de olie uit het afvoerkanaal bevorderen of belemmeren. Een platte tank moet schuin worden gehouden om de hele inhoud eruit te laten stromen.

4. Is het filter voldoende leeggelopen? Het oliefilter is gemaakt om twee liter olie vast te houden en is daarom de meest waarschijnlijke plaats waar de verdwenen olie zich kan verbergen.

5. Olie zal zeker een uur uit de stop blijven nadruppelen. Dat verklaart het verlies van anderhalve liter olie niet, maar toch, bij het oplossen van deze (on)wetenswaardigheid telt iedere druppel.

6. Een niet onaanzienlijke hoeveelheid olie kan in het oliecarter achterblijven. Waarschijnlijk geen liter, maar zo'n kwart liter is nog een lage schatting als het carter groot genoeg is.

7. Onze deskundigen vroegen zich af of de olie wel is gepeild meteen voor het verversen. Alle motoren verbruiken olie als ze draaien.

8. En misschien is er een heel ordinaire oorzaak. Een lek bijvoorbeeld. Het verlies van één druppel olie per zestien meter staat gelijk aan het verbruik van één liter olie in 800 kilometer. Maar deze lek-theorie verklaart natuurlijk niet het olietekort bij het verversen van de olie.

Is er een lezer die een echte oplossing heeft voor deze spekgladde (on)wetenswaardigheid?

WAAROM drijft een vis ondersteboven als hij dood is?

Waarschuwing! De redactie van dit boek neemt geen enkele verantwoording voor de gevolgen als je dit antwoord in de periode dertig minuten voor of na het eten leest.

Een vis drijft op zijn rug als hij dood is omdat er tijdens het ontbindingsproces gassen vrijkomen die zich in de darmholte verzamelen. Iedereen die wel eens een vis heeft schoongemaakt, weet dat het vlees boven bij de ruggegraat zit (dorsaal) en de dunne maagwand aan de onderkant (ventraal). Zodra de gassen zich ophopen, draait de vis zich om en ligt de spiermassa op de rug onder en de met gas gevulde maag boven.

Vissen met zwemblazen hebben al gas in hun lijf en drijven sowieso. Benthale vissen - platvissen bijvoorbeeld - bezitten geen zwemblazen en drijven *niet* na hun dood.

Zoals iedere ervaren zeevisser weet, steekt het lichaam van een diepzeevis die snel naar boven is getrokken grotendeels boven de waterspiegel uit. Doordat het water geen druk meer op het lichaam uitoefent, zet het gas in de zwemblaas uit.

Omdat het gewicht van de vis voornamelijk langs de graten in de rug en bij de kop zit, is het eigenlijk heel normaal dat dode vissen ondersteboven drijven.

WAAROM storten sommige bedrijven liever geld terug dan kortingsbonnen te geven?

Met onze gewoonlijke paranoïde logica gingen we er altijd vanuit dat mensen liever hun kortingsbonnen bij de kassa van de supermarkt inleveren dan dat ze de moeite nemen om wikkels af te weken en formulieren voor de terugstorting op te sturen. Het doel van het 'terugstortingslokkertje' is je te verleiden drie pakken wasmiddel te kopen waarna je te lui bent om het geld daadwerkelijk te innen.

Ooit weekten we de wikkels van enkele blikken appelmoes af om die in te kunnen sturen en vroegen ons toen kreunend en steunend af of dìt nou de zin van het leven was. Maar er zit wel enige logica achter de ogenschijnlijke flauwekul van de terugbetaling.

Kenners ondersteunden onze samenzweringstheorie. Doordat de consument er minder gebruik van maakt, is een terugstortingsactie in het algemeen minder kostbaar en toch beschermt ze gevestigde merken tijdens een concurrentieslag bijna net zo goed als kortingsbonnen.

Wat bedoelen de kenners met 'beschermt'? Kortingsbonnen worden meestal gebruikt voor produkten die de klant als nuttig beschouwt en die elkaar in kwaliteit niet veel ontlopen. Merkentrouw weegt dan niet op tegen het prijsverschil. Prijsverlagingen en kortingsbonnen zijn vaak de wapens in een prijzenoorlog. Kortingsbonnen en terugstortingsacties dienen om het merk te 'beschermen' tegen de prijsverlagingen van de concurrent.

Vaak is de terugstorting hoger dan de korting die de bonnen geven, maar voor het bedrijf zelf is deze actie door de lage respons op lange termijn goedkoper. De reclamecampagne ervoor oogt net zo imposant maar kost minder, vooral als de klant het produkt wel koopt maar de terugstorting niet opeist.

Maar het verschil in kosten is niet de belangrijkste overweging bij de keuze tussen een terugstortingsactie of een campagne met kortingsbonnen. Dat is een strategische beslissing die afhankelijk is van de doelgroep die de fabrikant probeert te bereiken.

Kortingsbonnen worden gegeven om de verkoop van een nieuw produkt te bevorderen, om de eerste aankoop te stimuleren.

Terugstortingsacties daarentegen zijn er om de vaste

kopers aan het merk te blijven binden en om ze te verleiden meerdere malen het produkt te kopen.
Terugstortingsacties werken ook heel goed bij produkten die buiten de supermarkten om worden verkocht. De meeste supermarkten zijn erop ingesteld het papierwerk dat aan de kortingsbonnen is verbonden zelf af te handelen. Maar bij een klein familiebedrijfje zoals bijvoorbeeld de kruidenier op de hoek weet de eigenaar misschien niet hoe hij de korting vergoed moet krijgen of hij heeft geen zin in de administratieve rompslomp die de actie met zich meebrengt.
Er is nog een belangrijk punt. Door het formulier in te vullen, krijgt een bedrijf je naam en adres in bezit. De meeste bedrijven slaan deze informatie in adressenbestanden op waarna ze je tot in lengte van dagen lastig kunnen vallen met hun folders en verleidelijke aanbiedingen.

WAAROM zijn kortingsbonnen vaak maar een beperkte tijd geldig?
Ja, waarom zijn die kortingsbonnen maar een paar weken geldig? Waarom zou een bedrijf zoveel geld uitgeven voor het drukken en de administratieve afhandeling als het de kortingsbonnen zo snel weer ongeldig maakt?
Gewoonlijk als een stok achter de deur om je koopgedrag op een voor hen gunstige manier te beïnvloeden. Soms wil een fabrikant de verkoop stimuleren omdat zijn merk van de schappen van de supermarkt dreigt te verdwijnen als de verkoop niet aantrekt, of omdat een manager zich wil bewijzen door de omzet in korte tijd op te krikken. En zoals we in het vorige hoofdstukje al zeiden, de kortingsbonnen worden gebruikt als preventieve maatregel in de prijzenoorlog met nieuwe concurrenten of met oude merken die een marktaandeel veroveren.
Maar er is nog een belangrijke financiële overweging voor het beperken van de geldigheid. De inlevertermijn vermindert het risico van kapitaalverlies. Slechts een klein percentage van de bonnen wordt ingeleverd en een bedrijf trekt een bedrag op de begroting uit om

de verwachte terugbetalingen te dekken. Er worden tienduizenden kortingsbonnen aangeboden en als al die bonnen worden verzilverd, betekent dat een enorme onverwachte financiële tegenvaller die het faillissement van een middelgroot bedrijf kan veroorzaken. Daarom worden de bonnetjes na verloop van tijd waardeloos.
De door ons geraadpleegde marketingman vertelde dat de meeste grote bedrijven de bonnen ook na de vervaldatum wel willen verzilveren als er een aankoopbon mee wordt gestuurd. Misschien. Maar zijn supermarkten ook zo genereus?

WAAROM voeden alleen vrouwtjesmuggen zich met mensenbloed? WAT eet het mannetje dan?
Nee, de mannetjes gaan niet naar de snackbar om zich met patat en kroketten vol te stoppen. In feite eten mannetjes- en vrouwtjesmuggen hetzelfde: de nectar van een bloem. De nectar wordt in glycoceen omgezet, spiersuiker, een brandstof die krachtig genoeg is om hun spieren de energie te geven om een paar minuten te vliegen. Muggen hebben ook een orgaan, het vetlichaam, waarin ze suiker kunnen opslaan om die later in brandstof voor het vliegen om te zetten.
De mannetjes zijn tevreden met hun maaltje nectar; de natuur zorgt ervoor dat ze daar genoeg aan hebben. Mannetjes hebben geen steekorgaan dat in de huid van een mens kan worden gestoken. Maar wijfjes wel, want die hebben een belangrijke taak in het leven: het leggen van eieren. Bij sommige soorten kunnen de vrouwtjesmuggen geen eieren leggen zonder de voedzame toevoeging van smakelijk, vers bloed. Hun organen zetten de vetdeeltjes in het bloed om in ijzer en proteïne die hun vruchtbaarheid aanzienlijk doen toenemen.
Een vrouwtjesmug die zonder het voedselsupplement vijf tot tien eieren legt, kan er met een wolkje bloedgroep 0 zo'n tweehonderd leggen. Wij missen het bloed niet dat uit ons lichaam wordt gezogen, maar voor de mug is het een feestmaal; ze zuigt vaak meer bloed naar binnen dan haar eigen lichaamsgewicht.

Vat het niet persoonlijk op; uit onderzoek blijkt dat muggen liever het bloed van koeien dan van mensen tot zich nemen, en in het oerwoud steken ze net zo graag een aap of een vogel als een mens.

WAAROM voelt en smaakt menthol fris?

Scheerschuim met menthol is uiteraard niet kouder dan scheerschuim met muskus. Het is duidelijk dat er hier iets merkwaardigs aan de hand is. Een fysiologisch foefje, zo blijkt.

De binnenkant van de mond bevat thermoreceptoren die op afkoeling reageren. Deze thermoreceptoren zijn vergelijkbaar met receptoren voor smaken als bijvoorbeeld zoet, zout en bitter.

Met andere woorden: afzonderlijke receptoren reageren op specifieke prikkels. Iemand neemt waar dat suiker zoet is, omdat de receptoren in de mond voor 'zoet' worden geprikkeld. Menthol geeft een frisse smaak omdat menthol de thermoreceptoren prikkelt die gewoonlijk op afkoeling reageren.

Menthol kan de thermoreceptoren zo voor de gek houden dat ze reageren. Aan de hersenen wordt doorgegeven dat de mond iets als fris ervaart.

Hoewel de thermoreceptoren in de mond makkelijker door menthol worden geprikkeld dan die in de huid, reageren de laatste ook. Daarom geeft scheerschuim of scheerlotion met menthol een fris gevoel.

WAARDOOR bevriest een brug eerder dan de weg ernaar toe?

Het asfalt dat voor de meeste wegen wordt gebruikt, houdt de warmte beter vast dan de betonplaten die meestal als brugbedekking dienen. Maar er is een belangrijker reden die mooi van eenvoud is: een brug bevriest eerder dan het plaveisel van een weg omdat hij van boven en onder aan de buitenlucht staat blootgesteld.

Het plaveisel van een weg is alleen aan de bovenkant onbedekt. Met andere woorden: de aarde zelf isoleert de wegen.

Warmte die zich overdag in de brug verzamelt, verdwijnt weer als de temperatuur van de buitenlucht zakt. Een brug profiteert niet van de warmte die de aarde vasthoudt.

WAARDOOR kunnen ze geen kauwgum maken die langer lekker blijft smaken?
We zullen wel weer paranoïde zijn, maar we hebben kauwgumfabrikanten er altijd van verdacht congressen bij te wonen met onderwerpen als 'Onze vijand: een smaak die blijft,' en 'Hoe zorgen we ervoor dat de kauwgum zijn smaak kwijt is voordat de klant de verpakking weg heeft kunnen gooien.'
Aangemoedigd door de retoriek van de spreker zien de kauwgumfabrikanten dollartekens voor hun ogen zweven en maken ze een kauwgum die nog korter zijn smaak behoudt dan een huwelijk van Zsa Zsa Gabor. De goedgelovige consument moet vervolgens weer een kauwgummetje in zijn mond stoppen om dezelfde smaakervaring van, zeg, zo'n drie minuten ervoor te ondergaan.
Maar onze zegslieden uit de kauwgumindustrie stellen nadrukkelijk dat deze samenzweringstheorie onjuist is. Integendeel, als een fabrikant een kauwgum kon maken die langer zijn smaak behoudt, zou hij dit concurrentievoordeel er via advertenties bij de consument instampen.
De firma Wrigley probeert dat met het merk *Extra*, waarin kleine smaakzakjes zitten die meer kauwen vereisen dan bij gewone kauwgum om de smaak op te wekken. In wezen bedacht Wrigley een kauwgum met smaakvertraging.
Maar zelfs de smaakzakjes-methode kan de twee grootste vijanden van een langere kauwgumsmaak niet verslaan:

1. Het speeksel dat door het kauwen ontstaat, zuigt de smaak (en de suiker) letterlijk uit het kauwgummetje.

2. De mond raakt vermoeid en uiteindelijk ongevoelig voor welke smaak dan ook.

Hoe krijgt het kauwgummetje weer smaak? Leg het 'gebruikte' kauwgummetje weg, eet een zoutje om het verhemelte schoon te maken en stop het kauwgummetje weer in je mond. Maar er bestaat een beter alternatief: neem een nieuw kauwgummetje.

WAT is het nut van de plastic zak bij een zuurstofmasker in het vliegtuig als deze niet kan uitzetten?

We zijn telkens weer verbaasd als we horen dat een vliegtuig tijdens een noodlanding met succes is ontruimd.

De vliegtuigmaatschappijen geven zoals het hoort voor het opstijgen veiligheidsinstructies. Maar een snelle blik op de passagiers wijst uit dat de ervaren reizigers een dutje doen of in het sprankelende blaadje van de reisorganisatie verdiept zijn. De minder ervaren passagiers hangen paniekerig aan de lippen van de stewardess en proberen wanhopig te onthouden hoe ze hun zitkussen in een zwemvest kunnen omtoveren. Wij verenigen de twee slechtste kanten van beide soorten reizigers in ons. We proberen tijdens de instructies onze krant te lezen - we horen het verhaal immers voor de honderdduizendste keer - maar in werkelijkheid bestrijden we de angst dat er eigenlijk géén zuurstofmasker boven ons zit dat in geval van nood naar beneden valt.

Iedere angsthaas kent die ene zin bij de veiligheidsdemonstratie van de zuurstofmaskers: 'Hoewel de zak niet uitzet, stroomt de zuurstof nog steeds...' Verschillende scherpzinnige lezers gaven blijk van hun verwondering: als de zak niet uitzet, waarom zit hij er dan? We kennen de zuurstofzak uit dokterseries als *Medisch Centrum West*, waarin de zuurstofapparaten net zo heftig uitzetten, inzakken en weer uitzetten als een wispelturige slanke-lijner.

Maar de zak heeft nut. Erewoord. Het zuurstofmasker in vliegtuigen geeft een gefaseerde verdunning. Als je inhaleert, adem je een mengsel van gewone lucht en zuurstof in. Samengeperste zuurstof is nogal prijzig en vooral op een lage vlieghoogte heb je in feite maar wei-

nig zuivere zuurstof nodig, zelfs als de overdruk uit de cabine is weggevallen.
Het zuurstofmasker heeft drie ventielen die bij een noodgeval je ademhaling regelen. Via het eerste, binnenste ventiel wordt de zuivere zuurstof naar binnen gepompt. Het ventiel sluit zich als de benodigde hoeveelheid zuurstof is toegevoerd; het tweede ventiel gaat open en voert de buitenlucht naar binnen (vandaar de term 'gefaseerde verdunning'). Het derde, aan de buitenkant bevestigde ventiel gaat alleen open als je uitademt.
De cabinedruk in een vliegtuig imiteert de atmosfeer op ongeveer 8.000 feet. De zuurstoftoevoer wordt automatisch aan andere hoogten aangepast. Hoe hoger de vlieghoogte, hoe hoger het percentage zuurstof (vergeleken bij de buitenlucht) en hoe sneller er zuurstof nodig is. Bij onderdruk kan een vliegtuig zich opeens in een atmosfeer bevinden die gelijk is aan die van 35.000 feet of hoger.
De conclusie is dat er geen enkele reden te bedenken valt waarom de plastic zak drastisch zou moeten uitzetten. De zuurstofzak zelf kan al ongeveer anderhalve liter gas bevatten. Op 18.000 feet zal het systeem ongeveer één liter per minuut naar binnen pompen; op 40.000 feet ongeveer drie liter. Maar in tegenstelling tot het zuurstofapparaat in de ziekenhuisseries wordt hierbij slechts een klein percentage in één teug ingeademd.
De zak zet op grote hoogte wel zichtbaar uit; aan de ene kant omdat de benodigde hoeveelheid zuurstof veel groter is en anderzijds omdat de zak meer uitzet als de luchtdruk lager is. Maar het tegendeel is ook waar: op lagere vlieghoogten wordt de zuurstof meer samengeperst, waardoor de zak bijna tot niet uitzet.

Zes nieuwe frustrerende kwesties

Frustrerende kwesties zijn (on)wetenswaardigheden die onze voortdurende pogingen hun geheim te ontsluieren hebben weten te weerstaan. Het valt ons zwaar te moeten toegeven dat we niet altijd kunnen scoren. Sterker nog, soms komen we niet eens tot een behoorlijke voorzet. Tijdens onze zoektocht ontdekten we wèl boeiende theorieën of delen van bewijs die tot een oplossing zouden kunnen leiden van de zes frustrerende kwesties die je nu gaat lezen. Maar we hebben te weinig bewijs gevonden om een antwoord als sluitend te mogen publiceren.
Daarom gooien we ons breekbare ego voor de leeuwen en doen een beroep op de collectieve kennis en genialiteit van de lezers: help ons! Als je daarbij inspiratie behoeft: na dit hoofdstuk kun je lezen hoe andere lezers in de slag zijn gegaan met de frustrerende kwesties die in *Waarom krijgen spechten geen hoofdpijn?* aan de orde kwamen. Veel sterkte met deze nieuwe frustrerende kwesties. Je zult het nodig hebben.

Frustrerende kwestie 1:
We horen vaak het cliché dat je slechts tien procent van je hersenen gebruikt. HOE komen ze erbij dat we maar tien procent gebruiken en niet vijf of vijftien procent?
Bestaat er een wetenschappelijke basis voor deze bewering? En zo ja, wie heeft dat vastgesteld en wanneer?

Frustrerende kwestie 2:
WAAROM houden honden hun kop schuin als je tegen ze praat?
Honden houden hun kop niet schuin als ze naar het blaffen van een andere hond luisteren. Waarom dan wel als ze ons goed bedoelde wartaal horen uitslaan?

Frustrerende kwestie 3:
WAAROM en WAAR is het idee ontstaan dat dikke mensen altijd vrolijk zijn?
Of het nu over de kerstman gaat of over Paul de Leeuw, volgens het cliché zijn dikke mensen lachebekjes. Waarom?

Frustrerende kwestie 4:
WAAROM hebben varkens krulstaartjes?
We proberen al sinds *Waarom krijgen we geen kippevel op ons gezicht?* een antwoord op deze vraag te vinden. Dient de krul in het staartje ergens voor?

Frustrerende kwestie 5:
WAAROM ziet een hart er in illustraties en strips heel anders uit dan in werkelijkheid?
Waar komt die fantasierijke vorm vandaan?

Frustrerende kwestie 6:
WAAR blijven de pennen die we altijd kwijt zijn?
Niet te verwarren met de niet-(on)wetenswaardigheid over de vermiste sokken in *Waarom krijgen spechten geen hoofdpijn?* Wat ons betreft is het probleem van de pennen die we altijd kwijt zijn veel ernstiger. Sokken verlies je op een 'nette' manier. Maar wie pikt de pennen die we kwijtraken? Wat gebeurt er met ze? Wil de man of vrouw die alle pennen bij zich gestoken heeft nú opstaan? Of ze teruggeven?

Bijgewerkte lijst van frustrerende kwesties

De boeken in deze serie (on)wetenswaardigheden volgen elkaar zo snel op, dat niet alle lezers de tijd hebben gekregen hun oplossing voor een frustrerende kwestie in te sturen. Sommige frustrerende kwesties leverden stapels post op, maar bij andere moet de stroom nog op gang komen.
Daarom is deze lijst uit *Waarom krijgen spechten geen hoofdpijn?* eerder een voortgangsrapport dan dat je hier de definitieve antwoorden op de frustrerende kwesties kunt vinden. In de nieuwe rubriek *Frustrerende kwesties die van geen ophouden weten* informeren we je over nieuwe overwinningen in onze niet aflatende strijd tegen de frustrerende kwestie.

Frustrerende kwestie 1:
WAAROM nemen Amerikanen, in tegenstelling tot Europeanen, na het vleessnijden hun vork in de rechterhand?
We ontvingen verschillende brieven waarin de Amerikaanse manier van het hanteren van de vork hartstochtelijk werd verdedigd. Maar het nut ervan zien we nog steeds niet.
De meeste serieuze theorieën konden in drie kampen worden ondergebracht. De eerste groep zag in het in de andere hand nemen van de vork een poging de doelstelling van de meeste etiquette-voorschriften te bereiken... namelijk dat de mensen niet toegeven aan hun natuurlijke neiging om zoveel mogelijk eten in zo kort mogelijke tijd naar binnen schrokken. Door de vork na het snijden in de andere hand te nemen, moet de eter zijn mes eerst neerleggen voordat hij een hap neemt.
Omdat hij niet meer dan één stukje per keer mag afsnijden, moet hij na het nemen van de hap weer van hand

wisselen voordat hij het volgende reepje afsnijdt. Al dit gewissel is bedoeld om de snelheid van eten af te remmen tot een sociaal aanvaardbaar niveau. Zo kun je tijdens het eten in één keer zien wie een goede opvoeding heeft genoten en wie niet.
Volgens het tweede, meest populaire antwoord stamt de gewoonte uit de tijd van de Amerikaanse revolutie. Het is een interessante samenzweringstheorie die door zo'n tien lezers wordt aangehangen: de gewoonte is tijdens de Amerikaanse revolutie als een geheim teken ontstaan. De opstandelingen konden zo, als ze in een groep aten, onbekende geestverwanten herkennen. Als iedereen de vork in de andere hand nam, kon men zonder gevaar over geheime activiteiten praten. Maar als er een paar mensen tussen zaten die het niet deden, hield iedereen zijn mond. Het was een onschuldig, maar veelzeggend gebaar.
Geen enkele lezer kon een bron voor deze informatie aanwijzen. Ons klinkt de theorie nogal ongeloofwaardig in de oren.
Wij zien meer in de derde theorie, die stelt dat in Amerika tot aan het midden van de achttiende eeuw geen vorken werden gebruikt. Tot die tijd was het in de andere hand nemen van het eetgerei geen kwestie van goede manieren, maar noodzaak. In boeken als *In Small Things Forgotten* van James Deetz, *From Hand to Mouth* van James Cross Giblin en *The Americans: A Social History of the United States 1587-1914* van J.C. Furnas wordt naar deze manier van eten verwezen. Een samenvatting van wat Giblin erover schrijft, leert het volgende: de vork kwam pas halverwege de achttiende eeuw naar Amerika. Daarvoor gebruikte men messen en lepels. Aanvankelijk waren de messen scherp en werden ze gebruikt om het vlees vast te prikken; de lepel duwde het vlees op zijn plaats als het werd gesneden en naar de mond werd gebracht (ja, op het mes!).
Maar vervolgens werden de scherpe messen door messen met geronde snijkanten vervangen (we hebben in *Waarom krijgen spechten geen hoofdpijn?* uitgelegd wanneer en waarom dit in Europa gebeurde) die niet

konden worden gebruikt om het gesneden vlees naar de mond te brengen. Als gevolg daarvan werd de lepel nog steeds gebruikt om het vlees bij het snijden op zijn plaats te houden, maar daarna werd het mes opzij gelegd, deed men de lepel in de rechterhand en gebruikte men die om het vlees naar de mond te brengen. Toen de vork de Nieuwe Wereld bereikte, bleven de mensen die net zo in de andere hand nemen als ze met de lepels gewend waren.
Een lezer voegt hier aan toe dat in de Verenigde Staten vorken (die net als het andere eetgerei uit Europa kwamen) pas halverwege de achttiende eeuw in groten getale werden gebruikt en dat de Europeanen de vork al snel in het standaardbestek opnamen. De Europeanen schakelen meteen van het mes naar de vork over en houden de vork als een mes vast, ja, zien hem onbewust zelfs nog als een mes. Maar de Amerikanen gingen eerst nog door een 'lepel-fase' en gebruiken de vork als een lepel.
Deze aanvullende theorie verklaart waarom de Europeanen hun vork in het algemeen met de tanden naar beneden houden, terwijl de Amerikanen hem juist omhoog houden.
Hoewel we misschien nooit uitsluitsel over deze 'ontbrekende vork'-theorie zullen krijgen, was ze toch verreweg de mooiste verklaring die we tegenkwamen.

Frustrerende kwestie 2:
HOE, WANNEER en WAAROM werd de bananeschil de klassieke uitglijder in slapsticks?

Stand van zaken: geen enkele vooruitgang. Help!

Frustrerende kwestie 3:
HOE deden ze in het Wilde Westen de saloondeuren op slot?

De meeste mensen die ons over deze frustrerende kwestie schreven, verkregen hun kennis over saloondeuren niet door geschiedkundig onderzoek maar uit de westerns op de tv en in de bioscoop en door hun

bezoekjes aan op het Wilde Westen geïnspireerde pretparken. Ongeveer iedereen wist dat de zwaaideur niet het enige was dat de saloon van de buitenwereld afsloot, maar alleen lezer David Di Mattia vroeg zich af of zijn volkomen logische uitleg opwoog tegen de behoeften van de amusements-industrie: 'De zwaaideur was niet de enige deur in het kozijn. Als de saloons dichtgingen, sloten ze een dubbele deur over de hele lengte (met of zonder raampjes) om de zaak na sluitingstijd of op verplichte vrije dagen op slot te doen.
De zwaaideur had voor een saloon meerdere doelen. De uitbater kon door de halve deuren zijn toekomstige klanten buiten zien, terwijl de pimpelaars binnen nog op enige privacy konden rekenen. De constante luchtstroom beperkte de rook en warmte tijdens de drukke uurtjes. En ten slotte: *zwaaideuren kunnen een veilige en snelle doorgang voor de stuntmannen in films zijn.*'

Bijna alle ingestuurde oplossingen hadden één groot manco: ze waren fout. Charley Eckhardt, de jeugdige historicus die we nog kennen van de frustrerende kwestie 'Waarom scheren Amerikaanse vrouwen hun oksels' uit *Waarom krijgen spechten geen hoofdpijn?* en die gespecialiseerd is in het Wilde Westen, schreef ons: 'De zwaaideuren van een saloon in het Wilde Westen zijn alleen in Hollywood de buitendeuren. Als je met een vergrootglas de hoofdstraat van bijna iedere stad in het Wilde Westen bekijkt, zie je dat de meeste saloons net zulke gewone voordeuren hadden als de andere winkels.
Saloons hádden wel zwaaideuren, maar niet aan de straatkant. *De meeste saloons kwam je aan de voorkant binnen via een gewone afsluitbare deur.* Je kwam dan in de 'tabaksafdeling', waarin meestal het privé-kantoor van de eigenaar was en waar je sigaren en flessen drank kon kopen, die in bruin papier waren gewikkeld dat met een touwtje was dichtgeknoopt. Vervolgens had je een scheidingsmuur, meestal met stucwerk vol krullen en glas-in-loodramen, waarin een

zwaaideur zat. Als je door de zwaaideuren liep, kwam je van de tabaksafdeling in de eigenlijke saloon.'

Eckhardt stuurde ons fotokopieën van de *Brunswick-Balke-Collender Illustrated Catalog of Bar Fixtures, 1981*, waarin onder andere een bouwtekening van een saloon met één verdieping. Op de tekening is duidelijk te zien dat de zwaaideuren de saloon van de tabaksafdeling scheiden en niet van de straat; de zwaaideuren zijn van buitenaf niet zichtbaar. In de prullenbak dus met die theorieën over ventilatie en privacy.
In fotoboeken van *Time-Life* over het Wilde Westen staan saloons met vaste buitendeuren; deze stonden vaak 24 uur per dag open, dat wel.
Lezeres Ann Calhoun laat zich niet weerhouden door zoiets onnozels als de harde feiten. Ze schreef ons een fantasierijk verhaal over de zwaaideuren in saloons. Ze beweert dat de zwaaideuren ter vervanging van de gordijnen dienden die oorspronkelijk voor de onderste helft van de ramen zaten om inkijk te voorkomen. En ze slaagt er op onnavolgbare wijze in deze frustrerende kwestie in een feministisch geheelonthoudersprobleem over leeftijdsdiscriminatie te veranderen: 'Misschien is het je nooit opgevallen, maar zwaaideuren zijn altijd een paar centimeter lager dan de ooghoogte van de gemiddelde volwassen man. En dus zitten ze een paar centimeter boven de ooghoogte van de gemiddelde volwassen vrouw, terwijl de gemiddelde snotjongen helemaal niets kan zien. Tenzij hij natuurlijk doet alsof zijn veter los zit op het moment dat hij voorbij de verboden deur komt, zich voorover buigt en *dan* een glimp opvangt van de aantrekkelijke dame aan de andere kant van de bar.
Toen de beschaving ook hier doordrong, kwamen er elektrische plafondventilatoren en waren ramen goedkoop en volop verkrijgbaar. De door God uitgevonden airconditioning en de zwaaideuren verdwenen snel (tenzij het helemaal een trendy yuppie-tent werd), en werden vaak slechts door ongelooflijk lelijke barok gepolijste glazen ramen en deuren vervangen. Maar toch blijft mijn theorie recht overeind staan: als je lang ge-

noeg bent om boven de zwaaideuren uit te kijken, ben je oud genoeg om binnen iets te gaan drinken. Zo niet, ga dan maar weer naar moeders toe en pak een lekker glas warme melk met een mariakaakje.
En zelfs nu... ben je ooit langs een zichzelf respecterend café gelopen, eentje die de moeite van het noemen waard is? Het lijken tegenwoordig eerder bunkers in afwachting van wilde horden voetbalfans! De enige keer dat de voordeur óóit openstaat is als de zaak gesloten is, de vloer gedweild wordt en de wc schoongespoeld, waardoor de deuren tegenover elkaar open staan om te voorkomen dat de schoonmaaksters vanwege de lysol-dampen weggedragen moeten worden...'

Conclusie: geloof niet alles wat je op tv of in de bioscoop ziet! Hoe deden ze in het Wilde Westen de saloons op slot? Met een sleutel...

Frustrerende kwestie 4:
WAAROM bewaren zoveel mensen de *National Geographic* zonder die ooit nog in te zien?
'Is dit ook al een frustrerende kwestie?' kreunde Ann Calhoun, die we nog van de vorige vraag kennen. 'Ik ben toch geen psychiater?'
Eh, nee. Deze frustrerende kwestie leverde de meeste post op, tientallen verklaringen voor de bewaarwoede, maar er waren maar een paar lezers die psychologie van de kouwe grond bedreven om zo te verklaren waarom we leesstof bewaren die we nooit meer inzien.
We kregen zelfs een paar brieven van lieden die beweerden dat ze wèl oude *National Geographics* lazen. Maar de meeste krakers van deze frustrerende kwestie namen de zaak onder de loep met de afstandelijkheid van een cultureel antropoloog.
Het meest populaire antwoord was dat een exemplaar van de *National Geographic* in bijna alle opzichten op een boek lijkt en daardoor langer bewaard kan worden dan gewone tijdschriften. Als bewijzen noemt men:

- de platte rug;
- de vermelding op de rug van de jaargang en de onderwerpen, waardoor het lijkt alsof de nummers zijn bedoeld om te bewaren;
- het feit dat ze gelijmd zijn;
- het dikke, glanzende papier;
- de uitvouwkaarten;
- het feit dat ze als boeken rechtop kunnen staan;
- en natuurlijk de prachtige, salontafelboek-achtige kleurenfotografie.

Scholieren en ouders van scholieren vertelden ons een andere reden: 'We worden voortdurend geconfronteerd met maniakale leraren die waanzinnig lange en gedetailleerde verhandelingen willen (liefst tegen het einde van de week in te leveren) waarvoor niet alleen onderzoek moet worden gedaan maar die ook met visuele middelen moeten worden verluchtigd. En dus rennen we weer naar de hangkast of duiken onder het bed, trekken de stapel ouwe trouwe *National Geographics* te voorschijn en beginnen te knippen.'
Ter ondersteuning van deze studietheorie: lezer William Kelso stelt dat de onderwerpkeuze van de *National Geographic* het de moeite waard maakt ze te bewaren. Een artikel over een bepaald gebied in de wereld of een bedreigde diersoort zal tien jaar later nog steeds min of meer zijn geldigheid hebben behouden.
Een andere lezer, werkzaam in een bibliotheek, vermeldt dat mensen wèl oude exemplaren van de *National Geographic* lezen: 'maar ze lezen hun *eigen* exemplaren niet. De *National Geographic* heeft geen register en het is veel makkelijker en handiger om naar de bibliotheek in je buurt te gaan - die wel een register heeft - en daar het artikel te zoeken dat je wilt hebben. Het is me opgevallen dat de meeste mensen heel goed weten dat ze een artikel in het tijdschrift hebben gelezen, maar niet wanneer.'
Daar gaat het excuus van de onschatbare waarde die de platte ruggetjes met hun jaargangen en onderwerpen vertegenwoordigen, de belangrijkste reden om de *National Geographic* te bewaren.

Dus de vraag blijft: als de meeste mensen die zich hebben geabonneerd op de *National Geographic* en het blad bewaren het niet herlezen, waarom bewaren ze het dan? Anti-psychiater Ann Calhoun ontpopt zich tot een onvervalste kapitaliste en stelt dat er zo wordt geredeneerd: 'Je kunt ze maar beter bewaren... over een poosje zijn ze veel geld waard.' Deze hamsteraars zullen er snel achterkomen dat honderdduizenden anderen proberen hun verzameling aan het ongeïnteresseerde publiek te slijten.
Veel lezers suggereerden dat het bewaren van de *National Geographic* net zoiets was als het niet wegdoen van de *Playboy* of *Penthouse*, hoewel er één zo snugger was toe te geven dat er in die laatste bladen 'meer naakte meisjes' staan.
Paul Ruggerio was niet de enige maar wel verreweg de jongste lezer (12 jaar) die aanvoerde dat boekenplanken vol *National Geographics* een vorm van snobisme waren. Volgens Paul hoeven we ons niet minderwaardig te voelen als we bij de buren zo'n plank vol *National Geographics* zien staan: 'Trek het je niet aan, want heel diep van binnen weet je dat je geheime voorraad romannetjes uit de Bouquetreeks dezelfde boodschap verkondigt. En trouwens, ook zij hebben nooit een nummer van hun *National Geographics* gelezen.'

Misschien zijn we onverbeterlijke idealisten, maar we denken graag dat de onmetelijke stapels *National Geographics* appelleren aan de edelste verlangens van de menselijke geest (en aan de meest westerse van alle negatieve emoties: schuldgevoel). We zijn het eens met lezer William Kelso: 'De onderwerpkeuze van de *National Geographic* is informatief, leerzaam en geestelijk verheffend: het blad schrijft over onderwerpen *waarvan we weten dat we ze eigenlijk behoren te lezen*. Maar er zijn altijd dringender zaken... het ieder kwartaal invullen van de omzetbelasting, de uitklapdames in naaktbladen enzovoorts. Dus maken we ons zelf wijs dat we de *Geographic* moeten bewaren tot we tijd hebben om ze te lezen. Ze blijven uit schuldgevoel op de plank staan.'

Dezelfde emotie (samen met een gezonde dosis luiheid) is ook schuldig aan het feit dat negentig procent van onze boeken in de boekenkast blijft staan. Hoeveel van die boeken heb je ooit herlezen? Waarom denk je dat je nu wel de *Ulysses* van Joyce uit zult lezen terwijl je er op de middelbare school al niet doorheen kon komen? En dat terwijl je nota bene weet dat je er geen examen meer in hoeft te doen?

Frustrerende kwestie 5:
WAAROM steken mensen hun tong uit als ze zich concentreren?

De lezers die hun antwoord puur op speculatie baseerden, waren duidelijk het spoor bijster. Waarschijnlijk wisten ze niet dat er wetenschappelijk onderzoek naar deze kwestie is gedaan.
Er traden twee theorieën sterk op de voorgrond die weinig met elkaar gemeen hebben:

1. De tong uitsteken is een onbewust gegeven signaal aan de omstanders om uit de buurt te blijven.

Telkens als we iemand zich met het puntje van de tong tussen de lippen zien concentreren, aarzelen we of we hem aan zullen spreken of anderszins storen. Het uitsteken van de tong is daarom een psychologisch signaal (van degene die zich op zijn werk concentreert) aan andere mensen dat hij druk bezig is en niet gestoord wil worden. En het werkt meestal nog heel goed ook.
Experimenten tonen aan dat scholieren minder snel naar het tafeltje van de onderwijzer liepen als hij zijn tong had uitgestoken. De mogelijkheid bestaat dat de scholieren de uitgestoken tong niet bewust hebben geregistreerd, en dat het proces zich voor de 'tonguitsteker' en de 'tongziener' op een onbewust niveau afspeelt.
Maar we hebben één groot probleem met deze theorie; ze verklaart niet waarom mensen hun tong ook uitsteken als ze alleen zijn.

2. Verschillende mensen wezen erop dat er een fysiologische verklaring voor de eigengereide tong is.
De artsen Evan A. Ballard en E. Wilson Griffin III waren het meest gekwalificeerd om deze theorie uit te leggen: 'Waarom bewegen getalenteerde mensen als basketballer Michael Jordan (en mijn zoon van vijf) hun uitgestoken tong langs hun lippen als ze iets doen waarvoor ze zich moeten concentreren en hun handen gebruiken?
Het antwoord kan gevonden worden bij de ligging van de hersenen die de handen en de mond controleren. De hersenschors is de plek in de hersenen waar ingewikkelde opdrachten en gedachten worden gecoördineerd. Ieder lichaamsdeel is in een bepaald gebied van de hersenschors vertegenwoordigd. Het gebied in de hersenschors dat de tong controleert ligt pal naast het gebied dat de handen controleert. (Klinkt dit betoog je bekend in de oren? Het is in wezen dezelfde verklaring voor de frustrerende kwestie die we in *Waarom krijgen spechten geen hoofdpijn?* behandelden: 'Waardoor moeten we niezen wanneer we in de zon kijken?')
Dat is niet louter toeval. Volgens de theorie heeft de mens zijn ongelooflijke vaardigheid met zijn handen (vooral met zijn opponeerbare duim) tegelijkertijd met zijn spraakvermogen ontwikkeld. Praten vergt uiteraard veel van de behendigheid van de tong en van de mond in het algemeen. Omdat de hersengebieden voor controle over de handen en de mond naast elkaar liggen en ze verwante functies uitoefenen, zijn veel van hun zenuwbanen met elkaar verbonden. Activiteit in de neuronen die de hand controleren leidt onvermijdelijk tot activiteit in de neuronen die de mond controleren.
De tong en de handen zijn dus in de hersenen functioneel en ruimtelijk uitermate nauw met elkaar verbonden, ook al zijn ze in het lichaam verder van elkaar verwijderd. Is dat ook een verklaring voor het feit dat sommige mensen tijdens het praten zo druk gesticuleren?'

Voedsel voor deze theorie is het feit dat veel muzikanten tijdens het betere snarenspel (B.B. King bijvoorbeeld) hun tong uitsteken.
Waarom steken vooral kinderen hun tong uit? Waarschijnlijk omdat ze nog niet hebben geleerd dat het sociaal onaanvaardbaar gedrag is.
Ter afsluiting moéten we dit verhaal van H.E. Todd vermelden: 'Mijn dochter is interniste en stak haar tong uit toen ze een keer aan het waterskiën was. Op de vraag of ze dat ook bij een moeilijke medische handeling deed en of dat het vertrouwen van de patiënt niet schaadde, antwoordde ze: "Waarom denkt u dat dokters maskers dragen?"'

Frustrerende kwestie 6:
WAAROM willen kinderen hun vlees goed doorbakken hebben (en willen ze het als ze ouder worden steeds rauwer)?
Twee belangrijke denkrichtingen overheersten die allebei veel aanhangers hadden.
Maar er was maar bar weinig bewijs ter ondersteuning van deze theorieën:

1. Kinderen associëren rood vlees met bloed en onbewust met het feit dat ze iets eten dat ooit een levend dier was.
Maar deze theorie verklaart niet waarom kinderen hun angst verliezen als ze ouder worden.

2. Kinderen hebben uitermate gevoelige smaakpapillen en prefereren de milde smaak van een doorbakken tartaartje boven de wildsmaak van een kort gebakken stuk vlees.
Wie weet. Maar de smaakexperts die we raadpleegden konden geen enkel bewijs voor deze theorie vinden.

Heeft iemand een bewijs dat een van deze theorieën ondersteunt?

Frustrerende kwestie 7:
WAAROM is bij een Amerikaans sportevenement fluiten een aanmoediging en in de meeste andere landen een teken van afkeuring?
Er is geen enkele frustrerende kwestie die zoveel lezers heeft verveeld.
De paar speculaties die we mochten ontvangen waren te melig voor woorden. Is er dan nergens een antropoloog die ons bij deze kwestie kan helpen? Zo komen we geen stap verder.

Lijst van frustrerende kwesties die van geen ophouden weten

Frustrerende kwesties zijn uiteraard moeilijk op te lossen, anders waren het geen frustrerende kwesties. Zelfs de meest geniale liefhebber van (on)wetenswaardigheden heeft niet altijd het definitieve antwoord op onze feitelijke cryptogrammen. Daarom hier enkele van de beste nieuwe ideeën over oude frustrerende kwesties die voor het eerst in *Waarom krijgen we geen kippevel op ons gezicht?* aan de orde werden gesteld.

Frustrerende kwestie 1:
WAAROM zien we zo vaak slechts één schoen langs de weg liggen?

We hebben meer ruimte aan dit thema gegeven dan aan enig ander onderwerp. De vraag heeft meer brieven uitgelokt dan enige andere vraag waarover we hebben geschreven. In *Waarom krijgen spechten geen hoofdpijn?* hebben we een hele rij theorieën gegeven om het verschijnsel te verklaren. Bij de meeste theorieën ging men ervan uit dat de schoenen opzettelijk op de weg waren gegooid. Maar tot nu toe was er een opvallend gemis: een ooggetuigeverslag van dat opzettelijke weggooien. Een lacune die bij deze wordt opgevuld. Joseph Metzelaar schreef ons: 'De vraag herinnerde me aan een voorval dat me overkwam toen ik met een vrouw meereed die schoenen met hoge hakken aan had. Haar rechtervoet kwam telkens vast te zitten onder het rempedaal en op een gegeven moment gooide ze witheet van woede haar rechterschoen het raampje uit...'
Maar beste lezer, er is nog geen reden tot tevredenheid. De autorijder is niet alleen verantwoordelijk voor het éénschoen-verschijnsel. En nog veel erger: het fe-

nomeen breidt zich uit! We krijgen niet veel brieven uit Sierra Leone in West-Afrika, maar deze van *Peace Corps*-vrijwilliger Jay D. Dillahunt uit de hoofdstad Freetown wierp meteen nieuw licht op de zaak: 'Toen ik over een bospaadje in de buurt van het dorp liep, zag ik daar een enkele schoen liggen. De schoen kon nooit uit een auto of bus zijn gegooid, want de chauffeurs van auto's en bussen zijn wel zo verstandig om niet over bospaadjes te rijden.'
Aan deze frustrerende kwestie valt niet te ontsnappen, waar ter wereld je ook bent.

Frustrerende kwestie 2:
WAAROM zitten de knopen bij herenkleding anders dan bij dameskleding?

De meeste lezers leken tevreden met de verklaringen die we hebben gegeven. Maar Tereen Flannigan vertelde ons dat ze op school had geleerd dat tijdens de industriële revolutie verschillende Europese landen de import van dameskleding anders belastten dan die van herenkleding. Vindingrijke importeurs lieten de fabrikanten de knoopsluiting veranderen om zo een gunstiger belasting te bewerkstelligen.
We zijn er niet in geslaagd de theorie bevestigd te krijgen. Welke lezer kan ons hier meer over vertellen?

Frustrerende kwestie 8:
WAAROM zie je nooit oude mensen die echt lang zijn?
Daphne Hare stuurde een knipsel waarin de resultaten van een onderzoek in Ohio werden samengevat. Het onderzoek leverde enkele saillante feiten op. Zo bleken mensen per 2,5 cm die ze langer waren 1,2 jaar korter te leven. Ja, je leest het goed. De levensverwachting van iemand van ongeveer 1 meter 83 is zes jaar lager dan van iemand van zo'n 1 meter 70.
Uit een eerdere studie bleek een nog dramatischer gevolg van het lengteverschil. Mensen die kleiner waren

dan 1 meter 75 werden gemiddeld 82 jaar oud; waren ze langer dan 1 meter 85 dan stierven ze gemiddeld al op hun drieënzeventigste.

Frustrerende kwestie 9:
WAARDOOR lijken alleen oudere mannen haar in hun oren te hebben?

Gelukkig gebruikten we het woord 'lijken', want er zijn ook jonge mannen met haar in hun oren. Albert Jeliner weet er alles van:
'Ik heb sinds mijn tienerjaren uitermate harige oren. In die tijd waren het nog lange blonde donshaartjes, maar met het verstrijken der jaren zijn ze steeds stugger geworden. Ik ben nu eenenvijftig. Vanaf mijn tweeëntwintigste heb ik mijn oorhaar bij ieder kappersbezoek weg laten knippen.
Ik weet niet hoe u in deze "harige" situatie verzeild bent geraakt, maar bij mij is het een geval van overerving.'

In *Waarom krijgen we geen kippevel op ons gezicht?* vermeldden we dat de endocrinologen die we over dit onderwerp aanschoten, zeiden van niets te weten en ons naar de genetici verwezen (die ons uiteraard naar de endocrinologen stuurden). Maar endocrinoloog Clayton Reynolds meent dat het onderwerp wèl op zijn terrein thuishoort: 'Haargroei in de gehoorgang van mannen kan worden verklaard uit het feit dat het een zogeheten androgene zone is. De haarzakjes in de gehoorgangen hebben receptoren die door de mannelijke hormonen of androgenen worden beïnvloed. Het haar op het menselijk lichaam kan in drie categorieën worden onderverdeeld: het *niet-seksuele* haar (zoals op de armen en benen), dat niet afhankelijk is van het geslacht van de drager; het *ambiseksuele* haar, dat bij mannen én vrouwen tijdens de puberteit op dezelfde plaatsen aangroeit (zoals oksel- en schaamhaar); en als derde categorie het haar van de mannelijke sekse, dat op het gezicht en de borst groeit en tussen de navel en de liesstreek.

Minder bekend is dat het haar van de mannelijke sekse ook in andere androgene zones zoals de gehoorgang groeit.'

Maar waarom gaat dit haar groeien als mannen ouder worden? Er bestaan twee soorten lichaamshaar: *primair* en *terminaal.* Het primaire haar zit op lichaamsdelen die meestal als kaal worden gezien, zoals het voorhoofd, de oogleden en trommelvliezen. Terminaal haar zit op het hoofd en de armen.

De haarzakjes met primair haar wisselen soms bij het stijgen der jaren met die met terminaal haar. Deze omzetting vindt meestal niet op jonge leeftijd plaats en daarom hebben bijna alleen oudere mannen haar in hun oren.